"中国梦·和天下"社区治理丛书

根据《中共中央 国务院关于加强和完善城乡社区治理的意见》精神编写

WENMING SHEQU
JIANSHE DUBEN

文明社区建设读本

谭泽晶 ⊙ 编著

红旗出版社
人民融媒出品

图书在版编目（CIP）数据

文明社区建设读本 / 谭泽晶编著. --北京：红旗出版社, 2019.12
ISBN 978-7-5051-4918-2

Ⅰ.①文… Ⅱ.①谭… Ⅲ.①礼仪-社会公德教育-中国 Ⅳ.①D648.3

中国版本图书馆CIP数据核字(2019)第163284号

书　　名	文明社区建设读本		
出 品 人	唐中祥	责任编辑	毛传兵
总 监 制	褚定华	选题策划	盘黎明　刘险涛
封面设计	文人雅士		
出版发行	红旗出版社	地　　址	北京市沙滩北街2号
邮政编码	100727	编 辑 部	010-57274526
发 行 部	010-57270296		
印　　刷	北京卓诚恒信彩色印刷有限公司		
开　　本	880毫米×1230毫米　1/32		
字　　数	170千字	印　　张	8.25
版　　次	2019年12月北京第1版　2019年12月北京第1次印刷		
ISBN 978-7-5051-4918-2		定　　价	48.00元

欢迎品牌畅销图书项目合作　　联系电话：010-57274627
凡购本书，如有缺页、倒页、脱页，本社发行部负责调换。

"中国梦·和天下"社区治理丛书暨
红旗出版社智库书系丛书编委会

主　　　任：李屹立　仓梓剑
副　主　任：冯秋婷　唐忠新　丁　朋　张　砥　毛传兵
　　　　　　杜达卫
执行副主任：盘黎明　张红喜
编　　　委：刘险涛　穆有帅　张　华　张恒斌　祁　剑
　　　　　　白　洁　王永生　康小伟　舒　娟

目 录

第一讲 公民礼仪教育与和谐社区构建……………… 001

第二讲 社区见面礼仪……………………………… 020

第三讲 社区公共场所礼仪………………………… 044

第四讲 社区服务礼仪……………………………… 070

第五讲 社区交际礼仪……………………………… 091

第六讲 社区公务礼仪……………………………… 115

第七讲 社区商务礼仪……………………………… 151

第八讲 社区家庭礼仪……………………………… 198

第九讲 社区公民形象的塑造……………………… 240

参考文献……………………………………………… 254

第一讲 公民礼仪教育与和谐社区构建

礼仪是关于礼的理念意识、准则规范和基本形式，是以建立和谐关系为目标的，符合"礼"的精神的行为规范、准则、形式和意识的总和。李泽厚说："'礼'既然是在行为活动中的一整套的秩序规范，也就存在着仪容、动作、程式等感性方面……所谓'习礼'，其中就包括对各种动作、行为、表情、言语、服饰、色彩等一系列感性秩序的建立和要求。"[①]礼仪自古以来，即成为社会文明发展的重要基础。礼仪教育，就是在公民道德建设中，对公民进行的以提高礼仪意识，养成全民的礼仪习惯，促进社会主义精神文明发展和社会和谐为目的的明礼诚信教育。随着现代化建设的深入，中华民族传统精神文明的继承和和谐社区的构建，被提上议事日程。其中，加强对公民的礼仪素质教育，继承、发展文明礼仪之邦的优秀传统，已经成为新时期和谐社区构建的重要任务。

---

① 李泽厚：《华夏美学》，天津：天津社会科学院出版社，2001年版，第27页。

一、公民礼仪教育的作用及其与和谐社区的关系

和谐社区是指以人为本、实现机会均等,形成自动解决冲突机制的可持续发展的社会环境。具体来说,和谐社区是各方面利益关系得到有效的协调,社会管理体制不断创新和健全、稳定有序的社会,是一种民主法治、公平正义、诚信友爱、充满活力、安定有序的社会,是人与人、人与自然和谐相处的社会。礼仪教育在和谐社区构建中,起着重要的作用,这主要是由礼仪教育的性质决定且与和谐社区有着不可分割的辩证关系。

(一)和谐社区的要义是公民普遍践行礼仪、明礼诚信

马克思主义认为人类社会的根源是人类的物质生产活动。"思想、观念、意识的产生最初是直接与人们的物质活动,与人们物质交往,与现实生活的语言交织在一起的。人们的想象、思想、精神交往在这里还是人们的物质行动的直接产物。"[①]也就是说,包括礼仪教育在内的社会文化是对社会物质生产的反映,不是意识决定生活,而是生活决定意识。人们的意识形态、思想观念只有在人们的社会物质生产中才能找到注释。而且一定的文化对一定的经济和政治产生能动的反作用,礼仪及其教育也能对社会改革发展,给出方向制衡,反作用于经济基础。和谐社区不仅强调人与自然的和谐,人与物质关系的和谐,更强调人与人之间的和谐。而礼仪正是体现人际关系的友好互信,是人际关系和谐的形象显现。在力求物质文明和精神文明协调发展的背景下,强调公民践行礼仪,明礼诚信,对社会的全面进步,无疑具有重

---

① 《马克思恩格斯选集》(第1卷),北京:人民出版社,1995年版。

要的意义。

践行礼仪的目的是谋求社会中人际关系的和谐。在社会诸多关系中，人际交往是最基本的关系，可以说，人际关系是衡量社会和谐程度的重要标志。而礼仪是人际交往中衡量一个人文明程度的准绳，它不仅反映一个人的交际技巧与应变能力，而且反映一个人的气质风度、阅历见识、道德情操、精神风貌。当人与人之间的关系，表现出互相尊重、诚信互助的风貌，就说明社会的文明程度提高了，就体现了社会的和谐。因此，和谐社区的一个基本表现，是社会中人与人关系的和谐，也就是要人人讲究礼仪，明礼诚信。显然，通过礼仪教育，提高人们的礼仪素质，促成整个人际关系的优化，这是实现社会和谐的基本环节。

（二）形势迫切需要加强礼仪教育

我国目前正处于由农业、农村的传统社会向工业化、城市化的现代社会转型时期，在这个历史时期里，阶层结构、城乡结构、区域结构、人口结构、就业结构、社会组织结构等方面都发生了很大变化，传统社会结构的均衡状态被打破。特别是工业化中期阶段的经济结构和城市化初期阶段的社会结构，同处在一个社会形态中，城乡结构不合理，而且城乡差距很大，区域经济社会发展很不平衡，20世纪90年代中期以来差距越来越大。经济基础决定上层建筑，这是当今中国发生的诸多社会矛盾、社会问题的主要根源[1]。也就是说，现代化过程付出的代价是很大的，正如布莱克所指出

---

[1] 陆学艺：《构建和谐社区与社会结构的调整》，《江苏社会科学》2005年第6期，第2页。

的,"现代化是一个创造与毁灭并举的过程,它以人的错位和痛苦的高昂代价换来新的机会与新的前景"。[①]其中,在这个巨大的变化过程中,原有的社会结构正在瓦解,新的社会结构正在形成,人际关系也在发生很大的变化,甚至难免泥沙俱下,鱼龙混杂,萎靡颓废被当作经典,传统精华被抛弃,等等,类似混乱状况在所难免,因而迫切需要理性鉴别,强调回归人本,实现和谐。礼仪文化追求"秩序",要求人们遵循共同的行为准则,其目标是"安定有序";礼仪文化追求"尊重",要求人们互相尊重,其目标是"互爱互敬";礼仪文化追求"合作",要求人们寻求与他人之间的协调互动,构建稳定的合作关系,其目标是"团结协作"。这一切,都需要灌输、教育和践行,需要在现代化进程中,对公民的认知行为,实施矫正,也就是说,需要进行基于实践基础上的宣传和教育,才能实现。因此,处于社会转型期的礼仪教育,就极为迫切了。

(三)礼仪教育是和谐社区构建的重要任务

文化对社会个体的行为具有内在的制约作用[②]。建设和谐文化,是构建社会主义和谐社区的重要任务[③]。而礼仪和礼仪教育正是一种和谐文化,加强礼仪教育,就成了和谐社区构建的重要任务。社会发展使社会开放程度提高,并无可避免地导致文化的多元化和文化主体的迷失。社会发展过程充满矛盾和斗争,需要通过和谐追求而予以制衡,使得人类社

---

① 布莱克:《现代化的动力》,四川人民出版社,1988年版,第38页。
② 童星:《现代社会学理论新编》,南京大学出版社,2003年版,第269页。
③ 杨桂华:《转型社会控制论》,山西教育出版社,1998年版,第214页。

会在矛盾解决中发展前行。社会发展就是社会由封闭走向开放的变迁过程，是传统文化向现代文化转型和更替的过程。社会文化的转型和更替是传统文化与现代文化、本土文化与外来文化的互动过程。在互动的过程中，既会产生文化的传播与融合，也会产生文明的冲突。正是发展过程中的许多矛盾和冲突，催生了文化的互动和更替，也削弱了传统伦理道德等社会规范的社会控制和行为范导作用，这就出现了基于人本的一些认知的失落。在多元的文化格局中，人们感到无所适从，公民主体陷入迷失境地，从而导致社会文化的失范和社会关系的失和。当代中国社会文化的失范和社会关系的失和，主要表现为一些社会成员诚信缺失、道德失范，一些领导干部的品质、能力和作风与新形势新任务的要求不相适应[1]。从社会文化的失范到和谐文化的建构，客观上要求建立新的文化整合机制和文明规范体系，以有效地消解那些危害社会和谐的风气和行为，形成符合和谐社区需要的人心、人伦、人际关系、道德规范、社会公平、沟通协调和激励机制，这样一些内容和过程，正是礼仪教育问题中应有之义，礼仪教育、礼仪规范的制定和实施，就是和谐文化的整合及其有机体系的构建。因此，礼仪教育已经成为新的历史条件下和谐社区构建的主要任务之一。

（四）礼仪教育实践是实现社会和谐的有效途径

"礼"是调节社会关系的一种手段，它通过形成特定的行为准则和社会秩序来实现社会的和谐、稳定与发展。其调

---

[1] 《中共中央关于构建社会主义和谐社区若干重大问题的决定》，《人民日报》2006年10月19日第1版。

节社会关系的方式,主要是促使人们对社会所倡导的价值观念和行为准则的认同,自觉地把思想和行为纳入社会需要的秩序轨道。中国传统礼仪的这种调节功能和特征十分突出,它所倡导的价值观念和行为准则的一个鲜明的特征,就是秩序与和谐。"和"是"稳"的前提,而"礼"又是"和"的前提,礼仪的普遍实施,也就是社会稳定的展现。而这一切,都需要借助礼仪教育才能实现。

礼仪教育强调秉承中华民族扶贫济困、助人为乐、尊老爱幼的传统美德,大力弘扬"奉献、友爱、互助、进步"的志愿精神,基于自己的良知、爱心以及对社会和他人的责任感,无偿地为社会和他人提供援助和服务,这与社会主义和谐社区注重社会稳定和公正,提倡团结互助、扶贫济困的良好风尚,追求平等友爱、融洽和谐的人际环境是完全吻合的。所以,礼仪本身已成为和谐社区的重要内容,礼仪教育实践更是和谐社区构建的一个重要而有效的途径。

礼仪教育对良好的社会风气和人们良好的道德规范的形成具有重要作用,而社会风气和道德规范是构建和谐社区的根基。正如上述,有了和谐的人格、和谐的人际关系,才有和谐的社会。2006年10月11日,党的十六届六中全会通过了《中共中央关于构建社会主义和谐社区若干重大问题的决定》,强调了以礼仪践行等为基础的道德建设的重要性。该《决定》指出,"和谐社区是我们党不懈奋斗的目标","以解决人民群众最关心、最直接、最现实的利益问题为重点,着力发展社会事业、促进社会公平正义、建设和谐文化、完善社会管理、增强社会创造力,走共同富裕道路,推动社会建设与经济建设、政治建设、文化建设协调发展"。在今天礼仪意识薄弱、礼仪价值迷蒙、礼仪行为异化的情况下，通过加强礼仪教育，促进社会和谐，更有着极为重要的意义。

二、公民礼仪与社会道德的关系

公民礼仪与社会道德是相辅相成、密不可分的，公民礼仪是建立在社会道德基础之上的，是社会道德的外在行为表现。通常情况下，一个思想品德高尚的人，必定是一个非常注重礼仪的人。公民礼仪作为公民的一种道德行为规范，对于社会道德的提升有着重要的作用，通过社会道德的提升又可以规范公民的礼仪行为。正确认识二者关系，对于分析公民礼仪的道德价值有着极为重要的意义。

（一）公民礼仪是社会道德的外显

公民礼仪作为公民修养的重要表现，是社会公德的重要组成部分，是最基本的道德规范之一。中国是一个有着优秀传统美德的国度，在漫长的发展过程中，对社会公民提出了一些道德规范，如尊师重教、尊老爱幼、真诚待人、明礼诚信、举止文明、遵规守矩等，这些要求是公民礼仪的重要内容，也是社会道德的组成部分。由此可见，公民礼仪是一种道德行为，公民能够通过一定的礼仪体现出良好的道德。公民礼仪的缺失必然会导致社会道德的沦丧，随着社会的进步和经济的发展，我们必须清醒地认识到公民礼仪培养的重要性，当前之所以出现很多与社会道德相违背的行为，如乘车与老人抢座，对抱小孩的女子或者孕妇熟视无睹，等等，究其根源与当前公民礼仪的缺失有重要关系。因此，重视公民礼仪的培养，不断提高社会道德水平是社会发展的必然要求。

（二）社会道德制约公民礼仪

公民礼仪是公民思想意识的外在行为表现，要受到社会道德约束。任何公民礼仪都必须在社会道德的要求下进行，没有不受社会道德约束的公民礼仪，公民礼仪常常随着社会道德内容的变化而发生变化。当前，随着全球一体化趋势的日益加强，国际间的交流变得非常普遍，在与外国人的交往交流中，注重公民礼仪、维护公民形象和国家形象是社会发展的必然要求，但是一定要注意掌握好度，不要违背了社会公德的基本要求，否则会严重影响中国在国际上的良好形象。因此，提高公民礼仪水平，必须建立在加强社会道德建设的基础上，只有建立在社会道德基础上的公民礼仪才是符合时代发展要求的公民礼仪。

（三）公民礼仪影响社会道德

公民礼仪对于营造良好的社会道德风尚有着重要的作用，是社会交往中必不可少的润滑剂，是维系社会生活的纽带。法国思想家孟德斯鸠也说过："礼节是人际矛盾的缓冲器。"这些充分说明公民礼仪对社会的影响，也必然对社会道德产生直接或间接的影响。当前，我国正处于社会发展的转型期，导致了各种社会道德问题层出不穷，使社会风气出现不良，公民道德水平下降，而公民礼仪能够有效地化解矛盾，增强人们之间的交往，有效地净化社会风气和提高道德水平，从而形成良好的社会道德风尚。

三、公民礼仪的社会道德价值

在当前社会经济不断发展的情况下，社会道德受到前所未有的冲击。因此，加强公民礼仪建设成为提高社会道德的重要举措，也是社会道德建设的客观要求。

（一）弘扬传统文化

我国是一个文化底蕴深厚的国家，中华传统文化在漫长历史发展中占据了重要地位，爱国明理、尊敬师长、严于律己、勤奋刻苦等都是传统文化的精髓，是社会的精神财富。但随着市场经济的发展，传统文化受到一定程度的漠视，人们的道德观念、行为规范受到一定程度的影响。新时期，加强公民礼仪教育，培养公民的爱国守法、诚实守信、文明礼貌、尊老爱幼等优良品质，既有利于传统文化的弘扬，也发展了传统文化，给传统文化赋予了新的内容，从而形成了具有时代特色的道德观，为团结各族人民，实现中华民族的伟大复兴提供了强大的精神动力和智力支持。

（二）规范社会秩序

良好的社会秩序与公民礼仪有着重要的关系，管子曾说过："礼仪廉耻，国之四维，四维不张，国乃灭亡。"这说明礼仪对国家的重要影响，一个国家需要完备的礼仪制度去规范人们的行为，否则社会就会无章可循，人们的思想道德无法进行约束。例如"文化大革命"对礼仪文化造成了严重的打击，礼仪教育荒废，导致人们的道德沦丧，行为失范，社会秩序混乱。新时期，国家非常重视社会主义精神文明建设，大力倡导公民礼仪教育，并颁布了相应的制度纲要，指导公民礼仪教育，使得社会风气大为好转，精神文明建设遍地开花。

（三）净化社会风气

社会风气是人们在日常生活中表现出来的思想言行方面的普遍现象。遵守礼仪、营造良好的社会氛围历来为我们国家所重视。随着市场经济的发展，重物质轻文明导致了社会风气中不文明现象的存在，这些不良社会风气的存在与公民礼仪的建设密切相关，与我们的精神文明建设相去甚远。通过加强公民礼仪教育和实践，能够不断提高人们的道德品质，规范人们的思想行为，消除不文明的现象，从而营造讲文明懂礼貌、行为符合规范、秩序井然的良好社会氛围，既净化了社会风气，又促进了社会的全面进步。

（四）提高道德情操

公民礼仪与道德情操有着密不可分的关系，公民礼仪是公民道德情操的外显表现形式，是提高公民道德情操的重要基础。传统的道德教育往往从一个较高的角度来解读如何培养公民的道德素质，而公民礼仪能为道德情操的培养提供一个广阔的平台。新形势下，公民礼仪作为一种基础性的行为规范，在社会生活中的运用程度，从一定方面反映出一个人的道德水平和道德素养，公民礼仪与道德情操的提高是一个相辅相成的过程，公民在实际生活中不断学习和运用礼仪的过程，就是潜移默化地接受道德熏陶的过程，也是一个道德社会化的过程。公民在学习礼仪的同时，能够有效地提高公民对道德行为的判断能力，培养公民高尚的道德情操，形成良好道德行为习惯，进而提高公民的道德素质。

（五）和谐人际关系

人际交往是一门艺术，人际关系的和谐与否与公民礼仪有着一定联系。任何形式的人际关系都离不开公民礼仪，公民礼仪是人与人之间进行交往的前提和基础。公民礼仪是自尊和尊人的高度结合，它能够引导和规范社会公民去遵循社会主义思想道德，不断规范公民的交际行为，使公民养成文明的礼仪习惯。在公民的日常活动中，通过公民礼仪的培养和教育，使人们在人际交往中能够礼貌待人，以友好平等的态度对待别人，表现出良好的道德修养和风范，从而不断提高人们交往的融洽程度，使人与人之间加强相互理解和信任，促进人际关系的和谐有序发展。

四、创新公民礼仪教育，促进社区和谐

深化礼仪教育，是当前思想文化战线和公民道德素质建设的重要任务，必须更新观念，提高认识，在继承优秀传统的同时，勇于创新，借以通过全民的礼仪实践，促进社会的整体和谐。尽管具体的方法很多，但下面的一些策略是不可或缺的。

（一）构建公民礼仪教育的有机体系

作为公民道德建设的组成部分，礼仪教育是一个整体工程，必须建立起礼仪教育的有机体系，统筹兼顾，规范实施。礼仪教育的有机体系内容丰富，包括礼仪教育的目标确认、规制建构、礼仪规范的制定、硬件投入、总体规划、任务安排、教育内容、教育方法、管理模式、激励机制和结果

评估验收等,也包括社会成员的各种关系和交际方式,这些具体内容,关涉方方面面,内容庞杂,必须全力以赴,持之以恒,坚持实践,才能收效。礼仪教育有机体系的建立,为礼仪教育的系统化、规范化,给出了基础条件。政府职能部门和宣传、教育系统,都要明确目的,端正态度,深刻认识,把礼仪教育当作精神文明建设和和谐社区构建的大事来抓,在这基础上,权衡全局,构建起礼仪教育的整体机制,并采取切实有效的措施,加大宣传教育的力度,教育与管理并重,激励和规范并行。

礼仪教育体系的建立和方案的具体落实,包括制定必要的制度、调动相关的因素、发展健康的舆论、形成良好的氛围,有望促成礼仪教育的创新局面。

(二)从我做起,加强自我修养和自我形象塑造

礼仪是形象的重要组成部分,在和谐社区的构建过程中,需要社会每个个体都行动起来,加强个人修养及自我形象的塑造。因为礼仪与日常生活关系密切,在现代社会,明礼守礼已经成为个人或组织树立自我形象,赢得他人或社会尊重的前提,也是事业获得成功的必要条件之一。我们要想给他人留下美好的印象,就必须注意自己的仪容仪表、穿着服饰、言谈举止等自我形象的展现。如果一个人仪容仪表修饰得体,穿着服饰符合身份场合,言谈举止高雅文明,为人彬彬有礼,那就是精神文明的化身和形象显现,这样的人就是有气质、有风度。遵守日常礼仪规则,讲文明,讲礼貌,既是对他人的尊重,也是对自己的尊重。如果一个人在公共场所随便吸烟,乱弹烟灰,乱扔烟蒂,随地吐痰,随丢垃

圾，就可以知道他的素质低下，礼仪欠缺。在他人或公众面前抠鼻孔、挖耳朵、剔牙齿、修指甲或者随意搔痒、抖腿等，也都是不雅观、不文明、不礼貌的行为。尽管这些行为都是细节，却玷污了主体行为形象，是礼仪规范所不允许的。细节决定成败，礼仪行为规范必须从细节抓起，加强个体自我修养和形象塑造，才能实现社会整体文明的提高，进而实现社会的和谐。所以，在礼仪教育过程中，强调从每个人做起，加强自身的修养和形象塑造，以至于整个社会礼仪文明的形成，这是礼仪教育和礼仪实践的重要使命。

（三）实施"三结合"的礼仪教育模式

在礼仪教育中，要准确把握和谐社区构建的内容、方法和重点，整合古今中外的文明成果，安排好教育的内容，突出理论与实践的结合，改革教育方法。许多地方，保持了儒雅的文明风尚；许多地方，展现了诚实谦虚的美德，它们都与礼仪教育先行，与礼仪实践分不开。湖南韶山市，民风敦厚，少有市侩意识，市民推销商品，都不肯强行兜售，暗合了伟人故乡的礼仪情结。那些导游姑娘，并不先讲价格，而是和你摆领袖故乡的龙门阵，讲述伟人典故，带你爬山走寨，和你一起沉浸在对领袖的缅怀之中。不知不觉中，客人会自然给导游相应的酬劳。这里，没有铜臭，没有斤斤计较，如果不是文明素养的濡染，结果会大不一样的。在市场竞争激烈的背景下，能保持这样的风范，实在难得。韶山市宣传教育部门，在礼仪教育及其管理过程中，强调结合纯朴民风的承传，保持发扬领袖精神，把传统礼仪与现代文明追求结合起来，因而展现了伟人故乡的恒久的生机与活力。看来，在礼仪教育的模式上，可以借鉴湖南韶山的做法，结合当地实际，促成礼仪教育模式的创新。例如在教育内容上，可以采取礼仪教育与道德教育相结合、传统礼仪与现代礼仪相结合、系统介绍与行业特点相结合的"三结合"模式。在教育方法上，实现理论教学与技能训练相结合、知识传授与养成教育相结合、学校教育与社会实践相结合的"三结合"模式，形成教育内容、教育方法、教育形式的整合创新，进而推动礼仪教育的深入，促进社会和谐发展。由此展开，我们可以构建起礼仪教育三结合的基本模式，如图1-1所示。

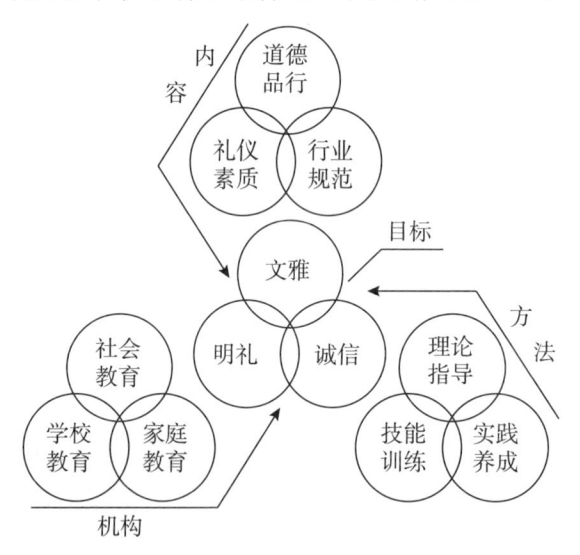

图1-1 礼仪教育三结合模式的基本结构

在这个三结合的教育模式中，教育机构是社会教育、学校教育和家庭教育的有机组合；礼仪教育的内容是道德品行、礼仪素质和行业规范的有机组合；礼仪教育的方法则是理论指导、技能训练和实践养成的有机组合；文雅、明礼、诚信构成了教育的基本目标。机构、内容和方法一起作用于教育对象，其结果是礼仪教育目标的实现。这就形成了各自结构分明、内部互动联系而又层次分明的教育体系。当然，这种三结合的模式不独适用于各级各类学校的礼仪教育，也切合全体公民的礼仪规范教育。

总之，礼仪教育与和谐社区构建是相辅相成、相生相合的整体，在我国加大思想解放力度、着力构建社会主义和谐社区的形势下，加强公民礼仪素质教育，促进公民礼仪素质的整体提升，具有极为重要的意义。而只有创新礼仪教育的方式方法，才能提高绩效，实现我国社会的健康、和谐与可持续发展。

（四）培养社区公民"循礼"职业行为习惯

礼仪认知和行为两个方面，是指人们在社会交往中形成的、以建立和谐关系为目标的、符合"礼"的精神的行为规范、准则、形式和意识的总和。在公民礼仪教育和公民形象塑造过程中，规范和践行公民礼仪，就是要求公民"循规蹈矩"，循礼仪准则之礼，蹈礼仪规范之仪，简单来说，就是要求公民学会"循礼"，养成践行"循礼"的行为习惯。在我国深化改革，构建和谐社会主义社会，加快现代化建设步伐的伟大事业中，加强公民礼仪素质教育，使之养成循礼的行为习惯，是理论和实践都亟须强化的课题。

1. 将循礼与专业技能的培养相结合

职业人格的魅力来自个人所具备的优秀职业品质。社会上千千万万的、具备良好专业技能的职业者，其专业技能的形成和优秀品质的养成，主要来自自身的努力和职场的培养。遵循职业礼规是基本的职业品质，也是基本的职业要求。孔子曾说："恭而无礼则劳，慎而无礼则葸，勇而无礼则乱，直而无礼则绞。"礼是各种美德的标准和底线。在孔子看来，光有美德与"恭""慎""勇""直"还不够，还需要"约之以礼"，否则容易让美德走样。礼仪与职业形象的塑造息息相关，两者须臾不可偏缺。善于发现和顺应社会交往的基本要求，运用职业礼仪的每一个细节，可以给自己和组织提供难能可贵的良机。

职业者要养成良好的礼仪习惯，必须结合专业技能的要求，加强职业礼仪的训练。职业礼仪和其他礼仪一样，必须通过反复的练习，甚至强化训练才能形成。这就需要坚持灵活多样有效的原则，将循礼实践和专业技能培养相结合，强化训练与日常训练相结合。强化训练的方法可采用个体训练、群体训练、情景训练、反馈纠偏训练等，循序渐进求得效果。比如个人形象的设计的训练，则可以从掌握仪表修饰的方法开始，通过目光、表情、动作等肢体语言的展示，求得亲切、真诚、老练、潇洒的第一印象，为交往和公关活动打下基础。日常训练则依赖于工作中的各个环节相互交融配合。

在专业技能的学习和培训中，学习职业礼仪的基本规范和知识，养成循礼的习惯，能够帮助我们掌握职业交往技巧，积累职业交往经验，学会遵循相互尊重、诚信真挚、言行适度的原则，有助于提高人的职业自信和自尊，有利于避免不良情绪的产生，使职业人的专业技能发挥如虎添翼。

2. 将循礼与公民职业形象的塑造相结合

职业形象是对产品和服务的一个有利补充和完善，它包括组织与公众的信息沟通、管理水平、企业文化和员工的精神面貌等。职业形象是人们对行业的识别、比较，评价和选择的信息集合，能够影响人们对行业的理解和态度。因此，各行各业力求通过形象管理，来向公众传递"美好形象"的信息，从而使组织形象深入人心。从业者是行业形象的软件，从业者的礼仪素质与被服务者的精神感受中最敏感的那一块直接相关，是提供优质服务的标志之一，因而在行业建设中备受重视。在公民职业礼仪教育中，应该将循礼与公民职业形象的塑造结合起来，使受教育者掌握与职业形象相关联的礼仪技巧，以便塑造良好形象、凸显个人竞争力，获得竞争优势。

一般而论，公民职业形象塑造是一个综合的范畴，包括仪容仪表、语言谈吐和行为举止的整体和谐。要求职业者能够娴熟地掌握社交礼仪，通过语音、举止、姿势动作等，传递自信、昂扬、妩媚、潇洒、优雅等多种信息，形成有文化、有内涵的职业形象。在公民职业形象塑造中，最重要的是个人职业定位的问题，扮演什么角色，在不同环境中体现什么身份，都需要准确定位，然后根据要求设计自己的仪态、表情、举止动作、服饰、谈吐、待人接物的方法等，在遵循礼规中做到干什么就要像什么。公民职业形象塑造结合循礼进行，丰富了塑造活动的内涵，对公民素质形象的优化很有实际效果。

3. 将循礼与公民职业素质的培养相结合

公民职业素质包括了职业人必备的思想、知识、技巧等素质。在现代社会中，公民职业素质是用人单位选用人才的重要标准，是职场制胜、事业成功的第一法宝。公民职业素质可以有意识地内化、积淀和升华，随着学习、工作和环境的影响，这种素质是可以继续提高的。衡量一个人职业素质的好坏，不仅要看他的身体状况，更要看他的思想觉悟、心态表现、文化涵养和道德品性等。身体素质，有先天的因素，而精神的东西则需要通过专门的方式培养训练，才能形成和完善。循礼作为一种行为，本身就是素质的训练，而把循礼与公民职业素质的培养结合起来，更能使职业素质养成有了实质性的内容。

礼仪在其发展过程中，逐渐由社会公共领域向职业领域扩展，成为职业规则和仪式的重要组成部分。在现实生活中，不同的职业有着不同的礼仪规范和准则，它们都属于职业规则的内容。如公务礼仪、商务礼仪、服务礼仪等，都是行业的礼仪规范，都具有职业特征。正由于礼仪是职业规则和仪式的重要组成部分，公民职业礼仪素质就成了职业生涯中不可缺少的必备素质。在"塑造行业形象"成为社会时尚，各行各业都将形象工程当作头等大事来抓的背景下，从业者的礼仪素质直接关系到组织的形象档次与效益，因而备受重视。所以，对公民进行职业礼仪教育，把循礼与职业素质培养结合起来，既是职业素质培养的基本要求，更是职业道德的实际需要。

总之，公民职业礼仪培养和循礼习惯的养成，需要所有公民深刻认识其重要意义，自觉接受熏陶历练，在人生过程中不断实践。而在公民礼仪教育过程中，把循礼的认知行为培养，与专业技能培养、职业素质培养和职业形象塑造结合起来，更易于形成个体循规蹈矩的职业秉性，促成主体身心素质的全面发展，适应现代化和谐社区建设的需要。

第二讲 社区见面礼仪

印度诗人泰戈尔曾经说过:"有时候,两个从不相识的人的确也很可能一见面就变成了知心的朋友。"(《沉船》)在社会活动中,交往的第一步就是见面。见面礼仪是指日常社交礼仪中最常用与最基础的礼仪。人与人之间的交往都要用到见面礼仪,特别是从事服务行业的人。掌握一些见面礼仪,能给客户留下良好的第一印象,为以后顺利开展工作打下基础。日常见面礼仪包括称呼礼节、致意礼节、介绍礼节与交换名片的礼节,需要认真掌握和遵循。

一、称呼礼节

称呼,是指人们在社会公共交往中彼此之间的称谓语。人与人见面,要顺利地开展交往活动,碰到的第一个问题就是怎样得体地称呼别人。选择正确、适当的称呼,既是对他人的尊重,又反映了个人的修养,甚至体现着双方关系发展所达到的程度和社会风尚。

(一)称呼的种类

1. 职务称呼。这是在正式的交往场合,以交往对象的职务相称，以示身份有别、敬意有加。这是一种最常见的称呼，通常有三种情况。

第一，只称职务。如"经理""科长""主任"等。

第二，在职务前加上姓氏。如"王经理""李科长""张主任"等。

第三，在职务前加上姓名（关系比较亲近的，被称呼者名有两个字以上的，有时也只称呼名加上职务），这适用于极其正式的场合。如"王涛经理""李伟科长""芳华主任"等。

2. 职称称呼。在不同职业中有业务职称的，尤其是对具有高级职称者，在交往中可直接按对方的职称进行称呼，主要方法有三种。

第一，仅称职称。如"教授""律师"等。

第二，在职称前加上姓氏。如"刘教授""张会计""李律师"等。

第三，在职称前加上姓名。这仅适用于正式的场合。如"王涛教授""李伟律师"等。

3. 行业称呼。即直接以被称呼者的职业作为称呼。如老师、教练、医生、会计、警官等。

4. 性别称呼。一般约定俗成地按性别的不同分别称呼为"小姐""女士""先生"。其中，"小姐""女士"二者的区别在于：未婚者称"小姐"，不明确婚否者则可称"女士"。

5. 姓名称呼。在日常交往中，平辈的朋友、熟人、同事，均可彼此之间以姓名相称。长辈对晚辈也可以这么称呼。美国交际语言大师戴尔·卡耐基曾经说过："一个人的姓名是他自己最熟悉、最甜美、最妙不可言的一种声音。"因此，姓名称呼是对朋友、熟人最适宜的一种称呼，主要方法有三种。

第一，直呼其名。一般是在年龄、职务相仿，好同学、好朋友、好同事之间常用这种称呼。

第二，只呼其姓，不称其名，但要在姓前面加上"老""大""小"，如"老张""大李""小孙"等。

第三，只呼其名，不称其姓。这种称名不称姓的形式属于姓名昵称，一般在同性别的朋友或上司称呼下级、长辈称呼晚辈时使用，异性之间应慎用。

6. 拟亲称呼。是指对没有亲缘关系的交际对象使用亲属称谓来相互称呼，是汉语中普遍使用的一种称谓形式。拟亲称呼适合一些非正式场合，能增加交往双方的亲切感。如张大姐、李大哥、王阿姨、陈爷爷等。

7. 零称呼。这是在陌生人之间初次见面的时候所出现的称呼空缺。应对称呼空缺一般会有两种情况：一种情况是用礼貌的问候语、致歉语来代替，如"您好，能打扰一下吗？""对不起，请借过"；另一种情况是用不太礼貌的"喂""哎"等叹词或用代表对象特征的词语来代替称呼，如"光头""胖子"等。后一种情况是不可取的。

（二）称呼应遵循的基本礼规

1. 称呼要适应不同场合

第一，私人场合。主要对亲属及朋友、熟人的称呼，应以亲切、自然、准确、合理为宜。

如：对母亲的母亲称"外祖母"或"外婆"，对父亲的母亲称"祖母"或"奶奶";对姑、舅的儿女称"表兄弟""表姊妹";等等。这些都属于对有直接或间接血缘关系的人的约定俗成的称呼。朋友熟人之间可以用约定的称呼,甚至可以用小名、昵称等,视彼此的关系而定。总之,私人场合的称呼可以随意一些,重在表达彼此间特殊的情感。

第二,公务场合。主要是对同事、工作对象的称呼。因其环境的严肃性,而决定了其称呼的庄重、规范性。通常宜用的称呼主要有前面提到的职务称呼、职称称呼或学历称呼、职业称呼。在使用职务称呼和职称称呼时,一般遵循就高不就低的原则。如"处长""教授"可以用于当面称呼,"副处长""副教授"一般不用于当面称呼,如果要当面称呼,一般去掉"副"字。在大学里,有"博士""教授"的称呼,没有"硕士""讲师"等称呼。

同时,对于不熟悉的工作对象或商业、服务业工作人员,还可采用泛称,即先生、小姐、女士等;在熟悉的工作环境或同事、熟人间,也可采用我们前面讲的姓名称。

第三,社交场合。因其交往对象的特殊性而决定了其称呼使用的特殊性。主要可归纳为以下两大类。

泛称。如先生、小姐、女士等,这类称呼仅区别性别,不显示身份、地位、职业的差别,可用于任何社交环境,亦可让每位被称呼者接受。因此,它们被引为社交场合的万能称呼。

特称。在社交场合一般不称交往对象的行政职务,但对身份特殊、社会地位颇高的人例外。如王室成员称其头衔;宗教界人士称其神职名称;军界人士称其军衔;学术界人士称其职称、学衔；等等。常见称呼如西哈努克国王、史密斯神父、基辛格博士、巴顿将军等。

2. 称呼要尊重被称呼者的个人习惯

尊重他人，是一种健康的人生态度，是现代社会里最重要的人格品质。一个具有自我尊严感的人，应当会尊重他人，尊重他人的尊严与个性，也尊重他人的称呼习惯。比如有些人身兼领导和专家双重身份，但喜欢别人称他为专家，称呼他的学术头衔，而不喜欢别人对他使用职务称呼；有些人体形较胖，但不喜欢人家叫他"胖子""胖哥"之类的称呼。再如，喜欢流浪的香港歌手王杰喜欢别人叫他"浪子"，台湾著名节目主持人陶晶莹不仅公开表示喜欢别人叫自己"熟女"，更是把"熟女"这个词的探讨带到了自己的访谈节目中。在社会交往过程中，应细心把握别人的称呼习惯，为自己赢得更好的人际关系。

3. 称呼要遵循国际礼仪规范

在国际交往中，一般对男子称先生，对已婚女子称夫人，未婚女子称小姐，不了解婚姻情况的女子可称为女士。这些称呼可冠以姓名、职称、衔称等。如"布莱克先生""议员先生""玛丽小姐""护士小姐""怀特夫人"等。

对地位高的官方人士，一般为部长以上的高级官员，按国家情况称"阁下"、职衔或先生。如"部长阁下""总统阁下""大使先生阁下"等。但美国、墨西哥、德国等国没有称"阁下"的习惯，因此在这些国家可称先生，对有地位的女士可称夫人，对有高级官衔的妇女，也可称"阁下"。

君主制国家，按习惯称国王、皇后为"陛下"，称王子、公主、亲王等为"殿下"。对有公、侯、伯、子、男等爵位的人士既可称爵位,也可称阁下,一般也称先生。

对军人一般称军衔,或军衔加先生,知道姓名的可冠以姓与名。如"上校先生""莫利少校""维尔斯中尉先生"等。有的国家对将军、元帅等高级军官称"阁下"。

对服务人员一般可称服务员,如知道姓名的可单独称名字。但现在很多国家越来越多地称服务员为"先生""夫人""小姐"。

对教会中的神职人员,一般可称教会的职称,或姓名加职称,或职称加先生。如"福特神父""传教士先生"等。有时主教以上的神职人员也可称"阁下"。

凡与我有同志相称的国家,对各种人员均可称同志,有职衔的可加职衔。如"主席同志""议长同志""服务员同志"等,或姓名加同志。有的国家还有习惯称呼,如称"公民"等。在日本对妇女一般称女士、小姐,对身份高的也称先生,如"中岛京子先生"。

4.称呼要入乡随俗

十里不同风,百里不同俗,千里不同国。在使用称呼的时候,要考虑不同地域、不同习俗、不同文化背景的人们之间的称呼差异。

比如,碰到朋友的父母,如果他父母年龄比你父母都小,在南方和北方,一般都叫"姨"("阿姨")"叔"("叔叔"),知道姓的可以加上姓,如"王姨""张叔叔";如果他父母年龄比你父母年龄大,在南方一般称呼对方的父母为"伯父""伯母",而在北方(如黑龙江)如果他妈妈年龄只是比你妈妈稍大,就叫"婶儿",如果年龄比你妈妈大了很多,则叫"娘",如"孙娘""赵娘",而比你爸爸年长的朋友的爸爸,叫"大爷",如"张大爷""李大爷"。

在我国民间,有许多有意思的称呼习俗。如江西人喜欢称"老表",如同我们对一般人称"先生""小姐"一样,他们用"老表"作泛称。而在河南的农村,如果你把与自己同姓的人称"老表",则被认为是骂人,是对对方的侮辱。这是受我国传统的家族观的影响,把同族人称为"表亲"是一种见外,因此会引起对方的愤怒。

在国外,也会经常遇到类似的问题。中国人对"妻子"有不同的称呼,如称之为"夫人"比较正式,称为"爱人"则比较传统,称为"老婆"比较通俗,称为"孩子他妈"则比较民间;此外还有更通俗的,如屋里的、娃他娘、老太婆等,还有直呼其名的。军队还有一个习惯,叫作家属。可"爱人"这种称呼在欧美是不能随便使用的。在韩国、日本不能用,在港台也不能用。因为"爱人"在那里的理解是第三者。所以,当我们与不同民族、不同地域、不同文化背景的人交往的时候,要注意遵循各地的风俗,要尽量避免使用不适当的地方性称呼。

5. 称呼要根据与交往对象的关系灵活选择

例如,一位姑娘和一位叫李平涛的小伙子交往,刚开始她可能和其他人一样,叫他李平涛或李平涛同志,随着两人交往的深入,彼此都有了好感,这时姑娘可能叫他"平涛",最后,当姑娘的称呼只剩下一个"涛"字时,两人可能不但确立了恋爱关系，甚至准备结婚了。从姑娘对小伙子称呼的变化中，我们可以看到姑娘情感的变化、两人关系的接近。

又如，在一个电视综艺节目中，节目的第一档内容是两所中学的中学生代表斗智斗勇。经过一番努力，冠军终于决出。当年轻美丽的女主持人给获奖队颁奖时，兴奋的高一女中学生激动地对女主持人说："谢谢，谢谢主持人阿姨。"过了一会儿，漂亮的女主持人半开玩笑地说了一句："我真的那么老了吗？"可见，这声"阿姨"并不被女主持人接受，甚至引起了她些许的不快。有人把称呼喻为人际交往的晴雨表，是一点也不为过的。

6. 称呼要把握次序

一般情况下，同时与多人打招呼，应遵循先长后幼、先上后下、先近后远、先女后男、先疏后亲的原则。

7. 称呼要注意细节

不因粗心大意、用心不专而使用错误的称呼。如念错被称呼者的姓名，或对被称呼者的年纪、辈分、婚否以及与其他人的关系做出错误判断，产生误称。

不使用过时的称呼。如"老爷""大人"等。

不使用不通行的称呼。如"伙计""小鬼"等。

不使用不当的行业称呼。如"小姐"称呼在现在常特指从事某些不正当行业的女性，所以在服务行业，不要随意使用这个称呼来称女服务员。

不使用庸俗低级的称呼。如"磁器""死党""铁哥们儿"等称呼。

不使用绰号作为称呼，不随便拿别人的姓名乱开玩笑，不要以别人的体形特点随意给人取号。

在国内，对年长者称呼要恭敬，不可直呼其名。当不认识别人姓名中的某个字时，可以虚心请教，而不可乱叫。

总之，作为表示彼此关系名称的称呼语，在现实生活中的作用不可小觑。慎用称呼，巧用称呼，善用称呼，有助于赢得他人的好感，有助于人际沟通的顺畅进行。

二、致意礼节

致意是指向他人表达问候的心意，常用一定的礼节、行为举止来表示。由于文化背景、风俗习惯以及沟通场合、熟识程度等因素的不同，致意的礼节存在较大差异并因此而变得丰富多彩。一般而言，致意礼节可以分为无身体接触的致意和有身体接触的致意两种。

（一）无身体接触的致意礼节

这是通过施礼者的肢体语言（有时也伴随有声语言）来表达对交往对象的致意。一双能正视对方的坦诚的眼睛，一副洋溢微笑的面容，一次饱含深情的鞠躬，都能传递施礼者对对方的尊敬与诚意，释放出和谐人际交往的信息。无身体接触的致意礼包括以下几方面。

1. 点头致意：适用于不适宜或无法交谈的场合，也适用于在同一场合再次碰到交往对象时使用；或在匆匆相遇的短暂瞬间采用。比如，在电梯、楼梯间，我们遇到熟人通常会采用点头致意来打招呼。打招呼的时候，一定要注视对方的眼睛。除特殊的肃穆场所外，点头致意一般都伴随有微笑，行礼时要注意微笑的诚意。

2. 起立致意：表示恭敬。长者、老者到来时，在场者要起立欢迎，待来访者落座后，自己方可坐下；长者、老者离去时，待他们先起立后，自己才可以起立相送。

3. 举手致意：适宜距离较远的熟人打招呼。注意举手致意时一般使用的都是右手，同时伴随有微笑表情。

4. 欠身致意：欠身致意的礼节较轻。当你在会场上处于坐姿时，有朋友来入座，你应欠身致意，即将臀部抬起，上身微微耸起，而不必站立起来，俗话说"欠欠屁股"。如果你处于站姿，正在与朋友交谈，这时另有其他朋友参与进来，不能置之不理，也不能中断谈话。就需要欠身致意。即上身微微前倾表示欢迎和不介意。在鞠躬握手稍嫌烦琐时，欠身致意正好适用这种场合。带有帽檐帽子的男士，在使用欠身致意礼时，应同时使用脱帽致意礼。

5. 脱帽致意：适合于戴礼帽的男子使用，即两人相遇可摘帽点头致意，离别时再戴上帽子。有时与相遇者侧身而过，从礼节上讲，也应回身说声"你好"，手将帽子掀一下即可。

6. 拱手致意：在我国，拱手致意是一种民间传统的会面礼，是人们表示祝贺、祝愿的一种施礼方式，通常为左手握空拳，右手抱左手，拱手齐眉，上下略摆动几下。拱手致意一般用在重大节日和喜庆场合见面或告别时，一人面对众人的场合，往往与寒暄语同时进行，如"恭喜、恭喜"等。

7. 鞠躬致意：鞠躬即弯身行礼，又称打躬。是人们用来表示对别人的恭敬而普遍使用的致意礼节。鞠躬是我国的传统礼节,主要应用于旅游服务、演员谢幕、演讲、领奖、婚礼及悼念活动等场合。在日本、韩国、朝鲜等国却颇为盛行。行鞠躬礼时,上身倾斜的角度可以从15度至90度不等,具体视对受礼者或被问候人的尊敬程度而定。通常是躬身越深,礼仪越重。一般对初识者鞠躬15度,服务员向顾客鞠躬30度,同级同辈人相见鞠躬45度,对最尊敬的师长鞠躬90度。施礼时,要用立正姿势,面带微笑。除了行15度的小鞠躬礼是注视受礼方外,行其他的鞠躬礼时目光都应随着身体的倾斜,平视下前方。

8. 注目致意:注目礼是比较庄重的礼节。学校上课,教师走进教室,学生应全体起立呈立正姿势,并向老师行注目礼——目视老师走上讲台,直至老师还礼。其他如升国旗、受检阅、受接见等场合,均应行注目礼。

此外,还有合十致意礼,这是流行于泰国、缅甸、老挝、柬埔寨、尼泊尔等佛教国家的致意礼节。行合十礼时,一般是两掌相合,十指伸直,举至胸前,身子略下躬,头微微下低,遇到不同身份的人,行此礼的姿势也有所不同。在此不再赘述。

(二)有身体接触的致意礼节

这是在双方相距较近的时候所行的有一定的身体接触的致意礼节,具有很强的可感性,能更进一步表达行礼双方的亲近感和热情度。常见的有握手礼、拥抱礼、亲吻礼等。

1. 握手礼

握手是在相见、离别、恭贺或致谢时相互表示情谊的一种礼节,双方往往是先打招呼,后握手致意。握手礼是现代社会运用范围十分广泛的一种致意礼节。最早可追溯到原始人类的触手礼。相传,当在路上行走相遇的陌生人双方都无恶意时,就会放下手中的东西,彼此抚摸对方的掌心,以示友好。沿袭至今就成了现在的握手礼。在使用握手礼时,要注意以下几个问题。

第一,准确使用握手的方式。正确的握手方式是:握手双方相距约一步,上体略前倾,伸出右手,双方手掌与地面垂直相握,时间2~3秒,力度一般不超过2公斤,以不握疼对方的手为限度。同时面带微笑,注视对方,问候示意。

第二,严格遵循握手的顺序。遵循握手的顺序是为了尊重尊者。通常是按照"尊者居先"的原则,即根据双方的社会地位、年龄、性别和宾主身份的界定,由尊者决定是否行握手礼。尊者伸手则表示可行礼,反之,则表示拒绝与对方行握手礼,另一方则可用点头、鞠躬等其他礼节代替致意。伸手先后的基本规则是:上级在先,长辈在先,女士在先;客人来时主人在先,客人走时客人在先;平辈朋友中,行礼时以先伸手为敬。在公务场合,握手时伸手的先后主要取决于职位、身份,职位高者、身份尊者先伸手;社交、休闲场合,则主要取决于年龄、性别与婚否,一般来说,年长者、女性、已婚者先伸手。

第三,认真把握握手的要求。一定要用右手,禁止用左手握手。主要是因为用左手犯了宗教禁忌。在伊斯兰教义中,左手是不洁之手,只能做属于个人的事情,不可与人接触。所以,用左手握手属于对人的不敬行为。

要紧握对方的手。如果关系亲密、场合隆重,双方的手握住后应上下微摇几下，以体现出热情。但过紧地握手，或是只用手指部分漫不经心地接触对方的手都是不礼貌的。

握手时，年轻者对年长者、职务低者对职务高者都应稍稍欠身相握。有时为表示特别尊敬，可用双手迎握。男士与女士握手时，一般只宜轻轻握女士手指部位，切忌抓住对方的手不放，或用另一只手不停揉摸。男士握手时应脱帽。

切忌戴手套握手。握手是一种靠身体接触来增进交流，显示诚意的礼节。戴着手套表示的是拒绝与不信任，所以是禁止的。但女士在社交场合戴的薄纱手套是服装的一部分，是可以不取下与人行握手礼的。

不可戴着墨镜与人握手。"眼睛是心灵的窗户"，戴着墨镜，使握手时没有了眼神的交流，缺乏诚意，亦是不友好的行为，是禁止的。但盲人因其生理原因，可以戴着墨镜与人握手。

多人同时握手时应按顺序进行，切忌交叉握手。

在任何情况下拒绝对方主动要求握手的举动都是无礼的，但手上有水或不干净时，应谢绝握手，同时必须解释并致歉。

2. 拥抱礼

拥抱礼是欧美地区较常用的一种见面礼仪。在其他地区的一些国家，一般流行于上层社会的交往，在我国则仅限于亲近的人之间使用，用于迎送宾朋或祝贺致谢等场合。目前在国际上，拥抱礼是外交场合各国高层领导人之间最高规格的见面礼。

对于拥抱礼，主要应注意下述四点。

（1）具体规则。拥抱礼的行礼规则是：行礼双方相对而立，各自左臂偏上，右臂偏下，右手在上抚对方的左后肩，左手在下抚对方的右后腰。双方的头部及上身向左前方相互拥抱，彼此右侧面颊相贴，礼节性的拥抱到此即可。如果要表达更亲近的关系，则头部及上身可继续向右前方拥抱，然后再向左前方拥抱一次，即"左右左"三抱而止。这也是国际礼宾中的标准拥抱礼。

（2）具体区域。一般来讲，拥抱礼在西方国家广为流行。在中东欧、阿拉伯各国、大洋洲各国、非洲与拉丁美洲的许多国家里，拥抱礼也颇为常见。但是在东亚、东南亚国家里，人们对此却不以为然。需要注意的是，欧洲人虽然常用拥抱礼，但他们也不习惯与陌生人或初次交往的人行拥抱礼，所以初次与他们见面，还是以握手礼为宜。

（3）具体场合。在庆典、仪式、迎送等较为隆重的场合，拥抱礼最为多见，在政务活动中尤为如此。在私人性质的社交、休闲场合，拥抱礼则可用可不用。在某些特殊的场合，诸如谈判、检阅、授勋等，人们则大都不使用拥抱礼。

（4）具体人员。在欧洲、美洲、澳洲诸国，男女老幼之间均可采用拥抱礼。而在亚洲、非洲的绝大多数国家里，尤其是在阿拉伯国家，拥抱礼仅适用于同性之人，与异性在大庭广众之前进行拥抱，是绝对禁止的。

3. 亲吻礼

亲吻礼多见于西方、东欧、阿拉伯等国家和地区，是源于古代的一种常见礼节，是人们在社交活动中表示亲密、热情、友善及尊敬的一种见面礼。

行亲吻礼时，往往与一定程度的拥抱相结合。因行礼双方身份的不同,亲吻的部位亦有所不同。由此而区分成不同的亲吻礼类型。

(1)吻额礼。这是一种长辈对晚辈的行礼。表示对晚辈的关心与爱护。

(2)吻颊礼。这是平辈之间的行礼。在公众场合,关系亲密的女子之间可亲吻脸部,男女之间则贴面即止。

(3)吻唇礼。这是一种十分亲密的礼节。可以说是夫妻、恋人或母婴之间的"专利"。由于它的敏感性,所以即使在亲吻礼较流行的西方国家,对此种礼的使用亦有一定的限制。如禁止夫妻或情侣在大庭广众之下接吻等。

(4)吻颌礼。这是相对于吻额礼的一种礼节,是晚辈对长辈的行礼。

(5)吻手礼。这是流行于欧美上流社会异性之间的一种最高层次的见面礼。起源于中世纪的欧洲,尤盛于波兰。行吻手礼仅限于室内,主要是男士向已婚女士或有一定身份和地位的女士表示敬意的一种礼节。行礼时,男士首先立正于女士面前欠身致敬,如果女士伸出手作下垂式,男士则以右手或双手轻抬起女士伸来的右手,俯身弯腰用自己的嘴唇象征性地轻触一下女士的手背或手指,点到为止,不留"遗迹"。若女方身份较高,男士甚至要一只膝作半跪式,再提手吻之。

(6)吻足礼。亲吻对方的脚背。这种礼节现已不多见了。在非洲的一些部族里或可见到。这些部落的居民常以亲吻酋长的脚或脚印为荣。

行亲吻礼时,动作要轻快,勿过重过长或出声;要注意口腔清洁无异味，不要把唾沫弄在对方脸上、额上或手背上；如果不是特殊关系和特殊场合，年轻、地位低者，不要急于抢先施亲吻礼。

西方现代的亲吻礼，在欧美许多国家广为盛行，美国人尤其受行此礼。法国人不仅在男女间，而且在男子间也多行此礼。法国男子亲吻时，常常行两次，即左右脸颊各吻一次。比利时人的亲吻比较热烈，往往反复多次。

在当代，许多国家的迎宾场合，宾主往往予以握手、拥抱、左右吻面或贴面的联动性礼节，以示敬意。

三、介绍礼节

介绍是使交往双方相识、建立关系的一种最初的礼节形式。通过介绍，可以缩短人与人之间的距离，促进人与人之间更好地沟通和更深入地了解。按介绍者来区分，可以把介绍分为自我介绍、他人介绍。

（一）自我介绍

自我介绍是交际场合常用的一种介绍方式，是在社交活动中，如果想结识某些人或某个人，而又无人引见，如有可能，即可向对方自报家门，自己将自己介绍给对方。如果有介绍人在场，自我介绍则被视为不礼貌的。

自我介绍常见的方式有这么几种。

第一，应酬式：又叫寒暄式。这是在初次见面不得不做介绍，但是又不想跟对方深交的情况下使用，它实际上是一种面对泛泛之交的有距离的交际，一般只介绍自己的姓或者姓名。

第二，公务式：适用于工作场合，它包括本人姓名、供职单位及其部门、职务或从事的具体工作等。如"你好，我是嘉茂科技发展有限公司营销部经理，我叫张健"。一般还可以顺势递上名片。

第三，社交式：适用于社交活动中，希望与交往对象进一步交流与沟通。介绍的具体内容可以包括介绍者的姓名、工作、籍贯、学历、兴趣及与交往对象的某些熟人的关系等。其主要目的是拉近双方的距离，为双方进一步展开话题打下基础。

第四，仪式式：适用于讲座、报告、演出、庆典等一些正规而隆重的仪式场合。包括姓名、单位、职务等，同时应加入一些适当的谦辞、敬辞。如各位来宾，大家好！我叫张健，我是嘉茂科技发展有限公司营销部的经理。我代表本公司热烈欢迎大家光临我们的展览会，希望大家……

第五，问答式：适用于应试、应聘和公务交往。问答式的自我介绍，应该是有问必答，问什么就答什么。如有人问："先生，你好！请问您怎么称呼（请问您贵姓）？"答："您好！我叫张健。"

采用自我介绍时要注意以下礼节。

1. 选择好时机。要抓住时机，在适当的场合进行自我介绍，比如在初次见面时且对方有结交兴趣时；或对方有空闲、情绪较好又有兴趣时；亦可以是我们想结识对方时，可以采用主动的方式，引起对方的回应。

一般来说，以下情况需要我们做自我介绍：应聘求职时；应试求学时；在社交场合，与不相识者相处时；在社交场合，有不相识者表现出对自己感兴趣时；在社交场合，有不相识者要求自己做自我介绍时；在公共聚会上，与身边的陌生人组成的交际圈时；在公共聚会上，打算介入陌生人组成的交际圈时；交往对象因为健忘而记不清自己，或担心这种情况可能出现时；有求于人，而对方对自己不甚了解，或一无所知时；拜访熟人遇到不相识者挡驾，或是对方不在，而需要请不相识者代为转告时；前往陌生单位，进行业务联系时；在出差、旅行途中，与他人不期而遇，并且有必要与之建立临时接触时；因业务需要，在公共场合进行业务推广时；初次利用大众传媒向社会公众进行自我推荐、自我宣传时。

2. 掌握基本要领。介绍时间不可过长，一般不要超过一分钟；内容不可太烦琐，最好是三言两语能结束。为了节省时间，做自我介绍时，还可利用名片、介绍信加以辅助。

3. 态度诚恳而自信。介绍时要自然友善，亲切随和，落落大方，彬彬有礼，实事求是，真实可信，既不能唯唯诺诺，又不能虚张声势，轻浮夸张，自吹自擂。语气要自然，语速要正常，语音要清晰。

（二）他人介绍

他人介绍也叫居中介绍，即由第三方把交往双方或一方介绍给另一方认识的介绍方式。他人介绍又分为社交式介绍和公务式介绍。

1. 社交式介绍：这是在各种社交活动中，以交往双方互相结识为目的的一种介绍方式。根据实际需要的不同，在社交活动中，为他人做介绍时的内容、方式也会有所不同。通常有以下几种形式。

标准式：适用于正式的社交场合。内容以双方的姓名、单位、职务为主。例如，"我来给两位介绍一下，这位是东方通信公司的王总，这位是风帆图片社的李社长"。

简介式：适用于一般的社交场合。内容往往只有双方姓名一项，甚至只提到双方姓氏。接下来则要由被介绍者见机行事。如"我来介绍一下，这位是老刘，这位是小邓，你们认识一下吧"。

强调式：适用于各种社交场合。其内容除被介绍者的姓名外，往往还会刻意强调一下其中某位被介绍者与介绍者之间的特殊关系，以便引起另一位被介绍者的重视。如"吴老师，您好。这位是张兰，是我的表妹，张兰，这位就是你的新班主任吴老师。吴老师，还请您对张兰严格要求，多多关照"。

引见式：适用于普通的社交场合。做这种介绍时，介绍者所要做的，只是将被介绍者引导到一起，而不需要表达任何具有实质性的内容。如"两位认识一下如何？大家其实都是同行，只不过以前不认识，现在请你们自报家门吧"！

推荐式：适用于比较正规的场合，多是介绍者有备而来，有意要将甲举荐给乙，因此在内容方面，通常会对甲的优点加以重点地介绍。如："王总经理，这位是杨帆先生，杨先生是一位管理方面的专业人士，对企业管理很有研究，在业内享有较高的声誉。王总，我想您一定乐意认识他吧？"

礼仪式：适用于正式场合，是一种最为正规的为他人介绍的方式。其内容略同于标准式，但语气、表达、称呼上都更为礼貌、谦恭。如"张校长，您好！请允许我把湖南大学的贺教授介绍给您，贺教授，这位就是我们学校的张校长"。

在社交活动中给他人介绍时，要遵循以下规则。

了解双方是否有结识的愿望，不可强人所难。

遵循介绍的先后顺序，即先介绍谁，后介绍谁的问题。按照国际惯例，在为他人做介绍时，一般遵循"尊者居后"的原则。也就是说，尊者有优先知道对方情况的权利。具体应用是：将男士介绍给女士、将未婚女子介绍给已婚女子、将年轻的介绍给年长的、将职位低的介绍给职位高的。

在介绍双方姓名、工作单位等情况时，为双方找一些共同的谈话材料，以营造气氛、促进交流。

介绍时，被介绍的双方在介绍人做介绍时，应向对方致意问候，除年长者和女性外，一般应起立向对方问候或握手为礼。

2. 公务式介绍：也就是在公务交往活动中将一方介绍给另一方。在公务式介绍中，很多时候并不是一对一的介绍，而是一人对多人或者多人对多人的介绍，即集体介绍，如一些公务洽谈、考察、会议等。在公务介绍中要注意以下问题。

因为被介绍双方是因公务活动而产生交往，彼此代表的是某个组织，所以介绍时必须先提到被介绍者所在组织的名称和被介绍者的个人职衔。

公务式介绍的顺序，整体上可以参照社交式介绍的顺序，也可酌情处理。但注意越是正式、大型的公务活动中，需要集体介绍的时候，越要注意介绍的顺序。

如当被介绍者双方地位、身份大致相似时，应先介绍人数较少的一方。但若被介绍者双方地位、身份存在差异，虽人数较少或仅一人，也应将其放在尊贵的位置，最后加以介绍。

在集体介绍中，将一方的多人介绍给另一方时，可以按照职务顺序从高到低，也可以按照座位顺序进行介绍。

在一些大型的报告、会议、会见、招待会中，只需要单项介绍，即只需要将主角介绍给广大参加者。

若被介绍的不止两方，需要对被介绍的各方进行位次排列。排列的方法：A. 以其负责人身份为准；B. 以其单位规模为准；C. 以单位名称的英文字母顺序为准；D. 以抵达时间的先后顺序为准；E. 以座次顺序为准；F. 以距介绍者的远近为准。

值得注意的是：在公务式介绍中，切忌使用易产生歧义的简称，在首次介绍时要准确地使用全称。在介绍中不要开玩笑，要庄重、亲切、正规。

在介绍礼仪中，所谓"尊者居后"是一条基本的准则。但是在实际使用的过程中，"尊者"的确定却是灵活多变的，在使用的时候，也应该根据不同场合、不同的交往目的灵活应变。如一位年长的、职务高的男性，在公务场合，他可能是尊者，但在社交场合，在女士面前，就应该遵循"女士优先"的原则，把他先介绍给女士，甚至他为女士拉座椅、开车门都是应该的。

此外，在介绍礼仪中，介绍人的确定也有一定的讲究。国际交往中介绍人一般是三种人。第一种人，是公关礼宾人员。如外事办公室的同志，办公室的主任或者秘书，或者专门委托的接待陪同人员，各地的接待办公室的同志等，这些人是专门负责接待的。第二种人，是熟悉双方情况、促成双方交往活动开展的中间方。如活动的举办者、业务联络员等。第三种人，是在交往活动中按照礼仪上对等原则，承担介绍任务的相关人员。如上级主管部门的领导到单位调研，则应由单位的最高领导或负责相应工作的最高领导充当介绍人。

四、交换名片的礼节

名片最主要的作用是在交往之初做自我介绍。最早可追溯到我国的春秋战国时期，只是当时是写在竹、木片上而已。汉初称谒，六朝称刺，唐代称"名刺""名纸"，宋朝称"门状"，明清称"门状""名刺""名帖"的都有，也有叫名片的。现代社会交往中，名片不仅可用作自我介绍，而且还可用作祝贺、答谢、拜访、辞行、慰问、吊唁、赠礼附言、备忘、访客留言等多种用途。正确使用名片，有利于促进社会交往。

（一）呈递名片的礼节

呈递名片时，应注意起立或欠身，把名片的正面朝向对方，用双手或右手递上。目光正视对方，同时附以"请多关照""请多指教""以后多联系"等寒暄语。

（二）接受名片的礼节

1. 目视对方，起身或欠身双手接受，万不得已才用右手接受名片。

2. 接到名片后不可以马上收藏，而是应认真地看一遍名片，态度要恭敬，让对方感受到你对他的名片很感兴趣。如果有时间，最好选择名片上能让对方自豪的内容读一遍，以示尊重对方。

3. 要认真收好对方的名片。男士最好的位置是名片夹内或西服上衣左上方内侧口袋内；女士收藏名片最佳的位置则是名片夹或挎包的内侧口袋。切忌拿着名片在手中把玩或随意放在桌子及其他地方，这是不尊重对方、伤害他人的行为，会影响彼此的交往。

（三）索要名片的礼节

交往中可能出现一些特殊情况，如自己忘带名片时或名片刚好用完时，就不能通过交换的途径获得对方名片。此时最忌讳的就是为了得到名片而贸然地直接开口要名片。常规的做法是采用委婉的方式索取。如：对于双方地位悬殊的可以说"某某先生，能否有幸跟您交往？"对于平辈或晚辈则可以说"某某先生，以后怎么与你联系？"亦可借索要名片表达对对方的敬意"某某先生，以后如何向您请教？"

（四）拒绝递送名片的礼节

交往中亦会有不愿发出名片的时候，当对方递上名片以后，按照礼节我们应回一张自己的名片。如果你不想回赠的话，不可以对对方置之不理，应有恰当的理由回应对方。常用语有"不好意思,名片刚好用完了"。或"对不起,出门匆匆,名片忘带了"。这些语言还可应用于没有为自己印制名片的人。但这些语言要慎用,因为一旦说出口,此时此地你就不可以再发出一张名片了,必然会妨碍你的社交活动。所以,我们不到万不得已,一般不应拒绝送出自己的名片。

第三讲 社区公共场所礼仪

公共场所，又叫公共场合，指可供全体社会成员进行各种社会交往活动的公共活动空间。例如，街头、巷尾、楼梯、走廊、公园、车站、码头、机场、商厦、卫生间、娱乐场所、邮政设施、交通工具等。公共场合最显著的特点，是公用性和共享性。它为全体社会成员服务，是全体社会成员进行社会活动的处所。在公共场合，和谐友好地与他人共处，彼此礼让、包容、理解、互助，是做人的根本。

一、出行的礼仪

走出家门，就会进入公共场所，面对公众的视野，一言一行都会成为整体形象的细节。

（一）行路的礼仪

举步行走，是任何一个正常人活动的基本方式。即使采用其他交通工具，例如汽车、火车、地铁、轮船、飞机或者自行车，行路依然必不可少。

公共场所的行路，不同于T型台上的走步，没有众多灯光与目光的聚焦。很多时候，公共场所的行路，是不会有人刻意注视，也不会有领导或熟人的挑剔的打量。但不管是一个人独行，还是多人同行；不管是行走于偏僻之地，还是奔走于闹市街头，同样有其必须遵守的礼仪规范，而且，更多地依靠个人的自律，依靠个体在自我修为与公共道德的规范下，严格约束个人行为。在前面的章节中，已经介绍了走姿的基本要求，除此之外，在公共场所的行路当中，还有一些最基本的礼仪规范是必须掌握的：

1. 遵守交通规则

遵守交通规则，是每个公民必须履行的最基本的行为规范。"过马路，左右看，要走人行横道线""红灯停、绿灯行、黄灯等一等""行人靠右"等交通规则是三岁小孩都能熟知的。但偏偏有很多人，过马路不走人行横道、天桥或地下通道，不看红绿灯，随意翻越隔离栏，或是在马路上随意穿行，导致了很多悲剧的产生。因此，遵守行人的交通规范，即是对自身生命安全的保障，也是对公共秩序、他人安全的维护。

在路上行走时，要自觉地选走人行道，不要走行车道，并让出专用的盲道。在无人行走的路上行走，应尽量选走路边。要按惯例自觉走在右侧一方，而不可为图省事，逆行于左侧一方。行走时宜单行行进，而不宜并排行走，更不允许多人携手并肩而行。应保持一定的速度，以免阻挡身后之人。尽量不要在道路上停留、休息，或是与亲朋好友进行长谈。

2. 不吃零食、不吸香烟

一个在公共场所边走边吃或叼根香烟的人，不仅形象不雅，而且不够卫生、不利于身体健康，更重要的是还有可能给公共环境及其他过往的行人的健康与安全造成不便，妨碍公共卫生与秩序，有违社会公德。

3. 不随地吐痰、不随意打喷嚏、擤鼻涕

唾沫、鼻涕等分泌物中，包含的细菌很多。行路时，若需要清嗓子、吐痰、擤鼻涕、打喷嚏，应注意避开他人，尽量控制发出的声量。痰和鼻涕应用纸巾包好，投入垃圾箱，切忌将痰、鼻涕"自行消化"，更不可随地乱吐、乱擤或者将鼻涕乱擦到公共物品上。打喷嚏要用手或纸巾遮掩，切忌打喷嚏时将口水喷到别人脸上、身上。

4. 不乱扔垃圾

在行路当中，若有个人的废弃物品需要处理，应将其投入专用的垃圾箱。不要"天女散花"，随手乱丢，破坏公共场合的环境卫生。对于口香糖一类难以清理的垃圾，则应该按照环保要求，用纸巾包好之后再投放到垃圾箱，切不可随口乱吐。

5. 不过分亲密

无论是恋人、夫妻还是关系极其密切的同性朋友，一齐行路时，都不应该勾肩搭背、搂搂抱抱，表现得过分亲密。这样不仅显得极不自重，而且会令旁边的人感觉不舒服、不自在。真诚地牵手、轻轻地挽住对方的胳膊或者细心地搀扶，都会让优雅与幸福自然流露。

6. 礼貌谦让

通过狭窄路段时，应请他人先行，不要争先恐后。在拥挤之处不小心碰到别人，立即要说"对不起"，对方则应答以"没关系"。不要若无其事，或是借题发挥，寻衅滋事。多人行走，要遵循"以右前和内侧为尊；以左后、外侧为卑"的原则。若并行者多于3人时,则以居中者为尊。

7.保持适当距离

行路多在公共场合进行,故而应当注意随时与其他人保持适当的距离。社交礼仪认为,人际距离在某种情况下也是一种无声的语言。它不仅反映人们彼此之间关系的现状,而且体现其中某一方,尤其是保持某一距离的主动者对另一方的态度、看法,因此对此不可马虎大意。

当两人相距在3米开外时,即为公众距离。它又叫大众距离或者"有距离的距离",主要适用于与自己不相识的人共处。在公共场合行路时,与陌生人之间应尽量采取这种距离。

(二)乘坐交通工具的礼仪

在来去匆匆、争分夺秒的现代生活中,往往需要乘坐各种交通工具,尤其是各种机动车辆,以求方便。人们可以乘坐的交通工具有多种类型,下面主要介绍一下有关乘坐轿车、公共汽车、火车、飞机等交通工具的礼仪规范,以供参考。

1.乘坐轿车的礼仪

轿车特指区别于货车、皮卡、SUV、大巴、中巴的小型汽车,有四门或两门、封闭式车身、固定顶盖、一个车厢的汽车,一般包括司机在内可乘坐四至九人。

乘坐轿车时,需要注意的礼仪问题主要涉及座次、举止、上下顺序三个方面。

第一,座次

在比较正规的场合,乘坐轿车时一定要分清座次的尊卑,以找到符合自己身份的座位。而在非正式场合,则不必过分拘礼。

轿车上座次的尊卑，在礼仪上来讲，主要取决于下述两个因素。

其一，轿车的驾驶者。驾驶轿车的，一般有两种人：一是主人，即轿车的拥有者；二是专职司机。由主人亲自驾驶轿车时，一般前排为上、后排座为下；以右为尊、以左为卑。如驾驶的是双排四座轿车，那么驾驶座右边的副驾驶座是最尊的，其次是后排右边座位，再次为后排左边座位。

乘坐主人驾驶的轿车时，最重要的是不能令前排座空着，一定要有一个人坐在那里，以示相伴。由先生驾驶自己的轿车时，则其夫人一般坐在副驾驶座上。由主人驾车接送其友人夫妇时，其友人之中的男士，一定要坐在副驾驶座上与主人相伴，如果形影不离地与夫人坐在后排，是非常失礼的。

由专职司机驾驶轿车时，通常仍讲究右尊左卑，但座次变为后排为尊，前排为卑。如同样是两排四座的轿车，司机驾驶的时候，后排右边的座位最尊，其次为后排左边座位，再次为前排副驾驶座。

其二，轿车的类型。这里讲轿车的类型，不是传统意义上的根据汽车排量或者汽车价位来划分，而是根据车型座位数量来划分。一般来说有双排四座、双排五座和多排轿车。前面讲的都是以双排四座为例，双排五座轿车的座次可以参照双排四座来区分，其中，后排中座的尊卑顺序排在后排左座后面。而多排轿车的顺序是，以前排为上，以后排为下；以右为尊，以左为卑。

第二，举止

与其他人一同乘坐轿车时，即应将轿车视为一处公共场所。在这个移动的公共场所里，同样有必要对个人的行为举止多加约束。具体来说，应当注意以下问题。

不要争抢座位，上下轿车时，要井然有序，相互礼让。

动作要得体。入座时，要大方、端庄、稳重地走到车门前，转身背对车门，先轻轻坐下，再将头和身体移入车内，然后再将双脚收入车内。女士应注意双脚并拢一起收入车内，最后才来调整坐姿，整理衣裙。切忌车门打开后，先将脚和头伸进车内，然后再将身体挪入车内，这是很不雅观的动作。下车时，待车门打开后，转身面对车门，同时将双脚慢慢移出车外，女士仍然要注意双脚并拢，待双脚落地踩稳后，再慢慢将身体移出车外。坐好之后应注意举止，切勿与异性卿卿我我，或是东倒西歪。

要讲卫生。如果是雨雪天气，上车之前，要把雨具收好并用袋子装好，把身上的雨雪拍打干净，不要把车子里面弄得湿乎乎的；鞋子上如果有泥，要尽量擦洗干净再上车。不要在车上吸烟、吃零食、喝饮料，更不要随手乱扔东西。不要携带有异味的东西上车。

不要往车外丢东西、吐痰，也不要在车上脱鞋、脱袜、换衣服。

要注意安全。上车后，如果坐在副驾驶座，应该主动系好安全带；不要与驾车者交谈或做其他会影响驾车者注意力的事情，以防其走神。当自己上下车、开关门时，要先看车前车后，有没有过往行人或车辆，如果旁边停有车辆也要观察一下是否有足够的距离开启车门。切勿疏忽大意，造成意外事故。

第三，上下车顺序

上下轿车的顺序也有礼可循。其基本要求是：倘若条件允许，应请尊长、女士、来宾先上车，后下车。具体而言，还有一些细节也应注意。

如果是主人驾驶轿车，如有可能，主人应后上车先下车，以便照顾客人上下车。

乘坐由专职司机驾驶的轿车时，坐于前排者，大都应后上车，先下车，以便照顾坐于后排者。

乘坐由专职司机驾驶的轿车，并与其他人同坐于后一排时，应请尊长、女士、来宾从右侧车门先上车，自己再从车后绕到左侧车门后上车。下车时，则应自己先从左侧下车，再从车后绕过来帮助对方。

为了上下车方便，坐在折叠座位上的人，应当最后上车，最先下车。

乘坐多排座轿车时，通常应以距离车门的远近为序。上车时，距车门最远者先上，其他人随后由远而近依序上车。下车时则相反。

2. 乘坐火车的礼仪

火车由于其方便、快捷、安全、舒适，成为人们中、长途旅行时的主要交通工具。为了旅途的安全与愉快，乘坐火车要遵循以下礼仪规范。

第一，要自觉购票。由于选择乘坐火车出行的人较多，一般都应提前预订火车票。如果实在没来得及购买车票，则应在上车之后主动补票。如果不慎在火车上遗失了火车票，也应及时跟乘务员联系，按照规定补办火车票。切不可因贪一时便宜而逃票，否则付出的代价不仅是经济处罚，更多的是个人形象的严重损毁。

第二，要提前到站。在候车厅等候时，要爱护候车室的公共设施，不要大声喧哗，携带的物品要放在座位下方或前部，不抢占座位或多占座位，不要躺在座位上使别人无法休息。保持候车室内的卫生，不要随地吐痰，不要乱扔果皮纸屑。

第三，检票时要自觉排队，不要拥挤、插队。进入站台后，要站在安全线后面等候。要等火车停稳后，方可在指定车厢排队上车。上车时，不要拥挤、插队，不应从车窗上车。

第四，有次序地进入车厢，并按要求放好行李，行李应放在行李架上，不应放在过道上或小桌上。要主动帮助老、幼、病、残、孕等特殊顾客。不要在车厢内吸烟，不随地吐痰，不乱扔果皮纸屑，不大声喧哗。

第五，在座席车上休息，不要东倒西歪，卧倒于座席上、茶几上、行李架上或过道上。不要靠在他人身上，或把脚跷到对面的座席上。不要长时间占用卫生间和盥洗间，节约用水。

第六，去餐车用餐时，如果人数过多，应耐心排队等候。在用餐时，应节省时间，不要大吃大喝，猜拳行令。用餐完毕，应即刻离开，不要赖着不走，借以休息、聊天。

第七，下车时，应自觉排队等候，不要拥挤，更不要踩在座椅背上或从车窗强行下车。

3. 乘坐公共汽车、地铁的礼仪

公共汽车、地铁是人们日常生活中的主要交通工具，又是公共场所之一。大多数市民，尤其是"朝九晚五"的上班族及学生，几乎天天都需要搭乘公共汽车、地铁等大众运输工具。尽管在小小车厢内大家可能只是偶然相遇，短暂共处，但掌握好必要的礼仪规范仍然十分重要。

第一，自觉地以先来后到为顺序，排队候车，先下后上，礼让妇女、老人和孩子先上车。排队时，应站在站台上、安全线之内。车辆进站后，要等车停稳了才能按照排队顺序依次上车。不要蜂拥而上，挤作一团，更不要拥入街道或者贴近公共汽车、地铁，否则不仅威胁到自身的安全，也妨碍了交通。

第二，上车时，要听从司乘人员的引导，要礼让他人。对行动不便的老人、孕妇、病人、残疾人以及妇女儿童，要加以帮助。如果车太挤，上不去了，应该等待下一辆，不要扒门硬挤。

第三，上车后，要注意一些礼仪细节。公共汽车上需要买票的，应主动买票、打卡、投币或出示月票。

应主动给老人、病人、残疾人、孕妇和带小孩的乘客让座。

在车厢内，如有可能，应与其他人的身体保持一段距离，站立的乘客一定要抓稳扶手，万一因为车辆摇晃或自己不小心碰撞、踩踏了别人，应立即道歉。如他人因此向自己道歉，则应大度地表示"没关系"。

除了座位外不宜随处乱坐。不要把腿伸到过道上，不要跷二郎腿。有人通过时，应主动相让。

应该把自己随身所带的物品放到适当的位置，不要让它占座位、挡路。雨雪天，妥善放置所携雨具，以免影响他人。

要保持车厢内的环境卫生，不要在车上吃东西，特别是那些汁水多或容易掉渣的东西，以免弄脏车子或他人的衣物。更不要在车厢内抽烟。有晕车习惯的人，要事先做好相应准备，如提前服药、准备袋子等。

不要在车上大声喧哗、聊天、接听电话或谈论别人的隐私。

第四，车到站以前，应提前做好下车准备。如果自己不靠近车门，应先礼貌地询问前面的乘客是否下车，如前面的乘客不下车，要设法与其调换一下位置。后下车的乘客应主动给先下车的乘客让道。

4.乘坐飞机的礼仪

飞机是现代最先进的交通工具，是各国之间和各大城市之间往来的重要的交通工具，某种程度上，其乘坐礼仪的规范程度是各国和各城市的文明与形象的窗口，所以其乘坐礼仪的要求比其他交通工具更高一些。

第一，应严格遵守购票、行李携带、登机检查的各项规定。飞机的购票实行实名制，乘客必须凭本人身份证件才可登记，因此在订购机票时要注意姓名的汉字、拼音字母以及证件号码的准确性，以免因此而影响行程。

乘坐飞机时在携带行李的体积大小、重量、性质等方面，均有严格要求。所以在乘坐飞机之前，应详细了解相关规定。

登机前应当认真配合例行的安全检查。在进行安全检查时，每位乘客都要通过安全门，而其随身携带的行李则需要通过监测器。如有必要，工作人员可能要对乘客或行李使用探测仪进行检查，或手工检查。乘客应当密切配合，不应无端进行指责。

第二，排队登机，对号入座。不将超大行李和有异味的物品带上飞机。登机后尽快放好随身行李，保持通道畅通。主动关闭手机等无线电设备。

第三，进入机舱后保持安静。需要找乘务员时，可以揿按呼唤铃，不宜大声喊叫。接受乘务员服务应致谢。在飞行过程中与人交谈时，应尽量控制声量，不宜在飞机上谈论令人不安的劫机、撞机、坠机事件。

第四，不乱动飞机上的安全用品及设施，尤其是坐在紧急出口旁边的座位上时，切不可随意扳动逃生门上的设施。飞机上救生衣是飞机遇险，在海上迫降时供乘客逃生使用的，切勿随意打开或带下飞机。

第五，在飞机上进餐时，主动将座椅椅背调至正常位置，以免影响后排乘客进餐。

第六，保持舱内整洁卫生，如有废弃物品要处理，应装入飞机上专用垃圾处理袋。因晕机呕吐时，应使用机上专用呕吐袋。飞行过程中尽量不要脱下鞋子以免异味影响他人；如果是长途飞行，脱下鞋后应在外面再罩上护袜。

第七，机上提供的读物阅后整齐放入面前插袋。

第八，飞机未停稳时不抢先打开行李舱取行李，以免行李摔落伤人。

第九，上下飞机时，对空中乘务员的迎送问候有所回应。

特别提示：为乘机人送行时，可说"一路平安"等祝语，不宜说"一路顺风"（飞机需逆风起飞）。

二、旅游观光的礼仪

随着物质和文化生活水平的不断提高、旅游产业的不断发展以及休假制度的不断完善，旅游观光爱好者的队伍也在不断扩大。旅游观光本身是一项文明而高尚的活动，营造文明、和谐的旅游环境，关系到每一位游客的切身利益。遵守相关的礼仪规范，是使旅游观光活动顺利进行的有效保障。

（一）入住宾馆的礼仪

1. 准确了解情况，提前预约

外出旅行要提前预订饭店，这样既方便自己，又利于饭店的管理，尤其是在旅游旺季出门，这一项工作就更是必不可少，否则，很可能就要体会身在异乡却又没有地方消除旅途劳顿的无助感了。

在信息高度发达的今天，我们可以通过各种各样的方式了解各旅游点的宾馆情况，其中最为方便的莫过于网络。通过网络，我们可以准确而详细地了解宾馆的基本条件、地理位置、特色服务、入住情况等，也可以通过电话详细了解情况。

在选择好宾馆之后，就可以进行预订。预订宾馆的方式也是多种多样的。电话、上网、信函、电传都是可以的，但最常用的还是电话预订,在确定了要入住的宾馆后,可以拨打他们的电话,告诉他们你的要求以及入住和停留的时间、入住的人数、房间的类型、申请住房人的姓名和到达饭店的大概时间并问清房费,万一比预订时间晚了,尽快打电话联系,否则预订就会被取消。

此外,随着服务业的发展,饭店会越来越注重个性化服务,尽量满足客人的需求,所以如果你有什么特殊要求,也可以在预约时提出,使你在饭店的休息可以更加舒适和方便。

2. 礼貌登记入住

到达预订宾馆之后,首先要做的就是到大堂前台登记入住,办理相关手续。注意如果遇到雨雪天气,要收好雨伞,把脚上的泥去干净再进入饭店。如果前面有正在登记的顾客,那你应该静静地按顺序等候。与其他客人保持一定的距离等待,不要贴得太近,虽然不必排成一队,也不能乱站乱挤或采取任性无理的态度。

随团体入住的,应选派1~2人在前台办理手续,其余人员在大堂僻静处等候,不可拥堵在前台。入住饭店要出示身份证,如果还需要出示其他证件,要礼貌地给予配合。如果你带了大量的行李,门童会帮助你搬运行李,你可以礼貌地谢过之后就去登记入住,当门童帮你把行李运送到房间之后,应该再一次感谢,如条件允许,可以给适当小费。

3. 客房的礼仪

良好的生活习惯不仅在家中,在酒店也应该保持。虽然打扫客房是服务员的工作,但是也不能因为有人代劳就不注重保持清洁卫生。废弃物要扔到垃圾筐里，东西尽量摆放得整齐有序。毛巾和浴巾在使用完之后，挂在毛巾架上，不要随便扔在浴缸上。在洗手间，不要把水弄得整个盥洗台都是。淋浴的时候，浴帘的下部要放到浴缸里面，不要把地弄湿了。洗脸、淋浴之后，擦干台面上的水渍，拾起掉落的头发。

进入客房后，自觉关闭房门，不在房间里喧闹或把电视音量开得很大，更不可太早或太晚开电视，以免影响其他客人。在房间用餐完毕，要用餐巾纸将碗、碟擦干净，放在客房外的过道上以便服务人员收拾。房间的一次性用品，如洗发水、信封、信纸可以带走，但是非一次性用品只供使用不能拿走，要注意有些物品是有偿使用的。损坏物品应照价赔偿，并表示你的歉意，不可以故意隐瞒。如有客人来访，要注意会客时间不要太长，一般不要超过23点。还要注意交谈的音量，不要影响到别人的休息。尽管宾馆的大堂里可能写着"宾至如归"，但宾馆到底不是自己家里，不要穿着睡衣睡裤、内衣内裤、拖鞋在走廊里走动或串门。

4. 离店的礼仪

离店之前，应先清点好自己的行李，一方面避免遗漏自己的物品，另一方面也可以防止不小心夹带宾馆的物品。在清理完行李之后，可以先给前台打个电话通告一声，让前台及时安排服务员来检查房间。如果不小心弄坏了饭店的物品，要及时、诚实地告诉来检查的服务员，不要隐瞒抵赖，以免造成不必要的尴尬局面。如果行李很多，就可以请总台帮助安排一个人来帮你提行李。结完账之后，要礼貌地致谢、道别。应了解宾馆的结账时间段。

5. 投宿民宅的礼仪

现在有很多自驾游或者特色游的旅客，喜欢选择投宿民宅，以更好地了解当地民俗民风，品尝纯粹的当地的特色饮食。俗语说客随主便，对主人的尊重会赢来更好的服务。要尊重主人对住宿和生活各个细节的安排，不要提出主人难以满足的不合理要求；要尊重当地的风俗习惯；尊重主人的隐私，不要随意打探主人情况，擅自进入主人的卧室；等等。要注意公共卫生，不过于违反正常的作息时间。

（二）游览观光的礼仪

旅游景区是吸引旅游者的主要因素，也是旅游业赖以发展的基础和主体。当旅游者到达旅游景区观光游览时，爱护景区公物、保护景区卫生、维护旅游秩序、遵守旅游礼仪就应当成为旅游者的一种自觉行为。

1. 进入景区之前，应自觉排队购票。团队游览的，要听从导游指挥，排队进入景区。

2. 要爱护旅游观光地区的公共财物。对公共建筑、设施和文物古迹，甚至花草树木，都不能随意破坏；不能在柱、墙、碑等建筑物上乱写、乱画、乱刻；也不要用棍棒去捅逗或用东西去投掷动物取乐。照相留念时，不要到危险或不宜攀登、不能入内的地方。

3. 要尽量保持旅游观光地区的环境卫生和静谧气氛。进入旅游观光区后，不要大声喧哗、嬉笑打闹；不要随地大小便，弄污环境；不要任意把果皮纸屑、杂物弃置在地上或抛入水池中，影响观瞻和卫生。野餐野炊之后，一定要将瓜皮果壳连同包装材料收拾处理干净，将所挖灶坑恢复原状后再离去。

4.旅游观光中要关心他人，注意礼让。如有人同时在景色好的地方拍照，要主动谦让，不要与之争抢占先。当近处有人行动妨碍拍照时，应有礼貌地向其招呼，不可大声叫嚷、斥责和上去推拉。需要别人帮忙拍照时，说话要有礼貌，拍完后向人家道谢。

5.要多为他人提供方便，如行经曲径小路或小桥山洞时，要主动为老幼妇孺让道，不可争先抢行。当游人较多时，不可自管自躺在长椅上睡觉，也不要人坐在椅背而脚踩在凳面上。见到老、弱、病、残、孕妇和怀抱小孩者，应主动让座和请人让座。当自己见到空位时，应征得边上人同意后方可入座，并要表示谢意。在划船时不要把水溅到别船和他人身上。带孩子到游览观光地区的儿童乐园去玩时，不要让自己的孩子长时间独占游乐场里的设施；作为大人，当然更不应该去占用儿童的游乐设施。

6.青年情侣在旅游观光时，还要注意自己行为举止的端庄大方，既要热情，又要持重，要合乎我国的风俗习惯，不可过分亲昵，以免有失礼节。

三、使用公共设施礼仪

公共设施是指为公众提供公共服务产品的公共性、服务性设施。随着社会物质文明和精神文明的发展，各地为广大公众提供的公共服务设施越来越多。在生活中，经常可以看到公共设施被破坏的种种现象，如下水道井盖不翼而飞，公用电话遍体鳞伤，景观灯无情被砸，垃圾箱东倒西歪，体育设施缺胳膊少腿，等等。要有效发挥公共设施的作用，延长公共设施的使用寿命，还有待广大公众共同遵循相应的礼仪规范。

（一）公共体育设施的使用

国务院于2003年专门颁布了《公共文化体育设施条例》，这一条例的颁布，对促进公共文化体育设施的建设，加强公共文化体育设施的管理和保护，充分发挥公共文化体育设施的功能，繁荣文化体育事业，满足人民群众开展文化体育活动的基本需求发挥了极大的作用。在政府和组织为公众提供便利的同时，公共体育设施使用者也应该做到以下几方面。

1. 自觉爱护公共体育设施，不要在设施上乱涂、乱画、乱张贴，更不可为了一己私欲肆意破坏设施。

2. 严格遵照不同设施的使用用途、操作方法和规定使用人数进行使用。不要做违反器械使用用途、操作方法的事情。不要在器械上打闹嬉戏，乱蹦乱跳。

3. 自觉保持公共体育设施适用区域的卫生。不要乱扔垃圾废物，不随地吐痰，更不要让孩子和宠物在区域内随地大小便。

4. 使用设施的人数较多时，应自觉等候，不要强行占据设施。使用设施的时间也不要太长，不要把体育设施当作休息设施。在有人给你礼让设备的时候，要表示感谢。

（二）公共卫生间的使用

1. 不要在公共卫生间内随意吐痰、扔垃圾、踩马桶，要保证厕所内的清洁。

2. 使用时关好小门。

3. 用过的手纸应该投放到纸篓，而不要扔在便池或抽水马桶内。这样可能会引起抽水马桶堵塞。

4. 不要浪费擦手纸，更不要把厕所里的卫生纸带走，作为己用。

5. 如厕完毕要及时冲水，既要节约用水，又要冲干净。使用抽水马桶时在冲完水后要记得盖上抽水马桶盖儿。

6. 使用坐便器时，不要忘记在便前和便后用纸擦净厕位，这样既避免了细菌的传播，又方便了下一个如厕者。

7. 便后洗手，注意节约用水，也不要把水弄得倒处都是，湿手不应边走边甩，以免弄湿地面。

8. 不要长时间占用厕所，不要在厕所里看书看报借以休息。

9. 进入公共卫生间时，如遇人多，在卫生间门外排队等候。不要用敲门或大声呐喊的方式催促别人。如果遇到年长者或是残疾人，要将厕所先让给他们使用。

（三）公用电话的使用

公用电话是经批准装设在城市街道、公共场所、居民住宅区及农村乡镇、公路沿线等地，供用户使用，并按照国家规定的标准收取通信费用的电话。在公用电话上可以免费拨打110、119、120、122等公益性号码。公用电话是一种现代化的通信设备，作为公共设施的一种，不但方便群众使用，更体现着城乡的文明程度。在使用公用电话时，要注意以下礼仪。

公用电话目前主要分为无人值守公用电话和有人值守公

用电话两大类。

　　无人值守公用电话包括IC卡公用电话、201公用电话、无人值守智能公用电话。IC卡公用电话是目前分布最广泛、应用最普及的一种无人值守公用电话。用户插入IC电话卡即可直接拨打电话。通话费可直接从IC电话卡上自动扣除，并实时显示卡上余额。在IC卡公用电话上也可以使用201、300等密码记账电话卡拨打电话。201公用电话是一种只能使用201、96200等电话卡的密码记账式公用电话，主要安放在校园、部队、医院、商场等公共场所。无人值守智能公用电话是采用智能平台控制技术的新型公用电话，用户将专门的智能公话工具卡插入话机，根据屏幕提示，选择卡上存储的201或者17908账号来进行通话，无须记忆卡号和密码，通话费从相应的账号中扣除。

　　有人值守公用电话包括有人值守普通公话、有人值守智能公用电话和话吧公用电话三种，都是按照计价器上显示的金额向用户收取通话费。

　　（1）准确识别公用电话，尤其是无人值守公用电话，可以使我们准确使用公用电话，有效维护公用电话设备。

　　（2）严格按照电话机上的操作说明使用公用电话。

　　（3）打电话时，轻轻拿起话筒，用手指轻按键盘上的号码。通话结束后，将话筒放回原位。不需要打电话时，做到不随意摘挂话筒。

　　（4）不在公用电话机及附属设施上乱写乱画，更不可把公用电话及附属设施当作免费的宣传广告板，随意粘贴。

　　（5）不得使用公用电话随意拨打110、119、120、122等公益电话，否则是触犯法律的。

（四）电梯的使用

1. 乘坐自动扶梯，应靠右侧站立，空出左侧通道，以便有急事的人通行；应主动照顾同行的老人与小孩踏上扶梯，以防跌倒；如须从左侧急行通过时，应向给自己让路的人致谢。

2. 乘坐箱式电梯，应先出后入。如果电梯有专人控制，应让老人、小孩和妇女先进入；进入电梯之后要尽量往里站。如果是无专人控制的电梯，可先进入电梯操控开门按钮，让老人和妇女后进电梯以确保安全。因箱式电梯的空间相对较小，乘客之间可能会挨得比较近，要注意彼此谦让和宽容，要注意照顾老人、小孩和女性。与同乘电梯人不相识时，目光应自然平视电梯门；在电梯里不高声笑谈，保持安静。如果出现超载警报，后进入的人应立即退出，等待下一趟电梯。

在没有明令禁止宠物乘电梯的地方，小宠物应由主人抱起乘电梯；大宠物应在没有其他乘客的情况下方可由主人带乘电梯。

四、特殊公共场所的礼仪

随着人们物质水平的不断提高，人们的精神文化生活也越来越丰富，相应地，为公众提供的活动场所也越来越多。在一些特殊的公共场所，都有着不同的礼仪规范，掌握这些礼仪规范，可以更好地享受这些活动带来的精神大餐。

（一）影剧院和音乐厅

影剧院与音乐厅是展示高雅文化与艺术的公共场所，是现代人经常出入的地方，对观众的礼仪素质也有更高的要求。

1. 着装得体

西方社会传统上要求人们上剧院时穿晚礼服，即男子结黑领结，女子要盛装打扮。如今，只有在首场演出和专场演出才要求观众这么做。一般情况下，只要求观众穿戴整齐。即使天气炎热，袒胸露腹也是不雅观的，而穿双踢踢踏踏的鞋子，也会让自己和别人极不自在。

2. 入场和退场

无论是看电影还是看演出，都应提前到场，买好节目单、熟悉演出的内容，然后在开幕前进场坐好。

如果到剧院时演出已经开始，应该站在门口欣赏，等一幕演完后再入座，以免影响他人的欣赏和演员的演出。观看电影时，如果迟到了，应该在场内后端等一下到眼睛能适应黑暗时再找座位，或者让服务员尽快带到自己的座位上去。

入座时，如需要从别人面前挤过，男士和女士都应该面对舞台并且紧贴前排座位的靠背走过去，并要一路低声地说"对不起"。手上的皮包、大衣等物应抱紧，不要让它在别人的脸上和腿上刷过。

如果有人从你面前走过，要主动把膝盖歪斜过来，以便让出位置让别人走过，必要时还应站起来让路。

落座以后，如果你戴着帽子，一定要脱下来，以免挡住后面的人的视线。

在演出过程中，尽量不要在中途离开座位，因为这不仅会干扰他人观看演出，还会影响演员的情绪。如需要退场，要安排在幕间或一个节目结束后。万不得已要中途离开时，必须向旁人道歉。幕间休息时，可以站起来走动走动，放松放松，吸烟者可以到休息室吸烟。

演出结束后退场，一定要等到落幕以后。有时，会出现演员和音乐家多次谢幕的情景，这时你若不耐烦地离去，是不礼貌的。

3. 保持安静

在演出进行过程中，要绝对保持安静。说话、接听电话、吃东西是不礼貌的，整理衣帽、拉合皮包、翻看节目单而发出的声音也会让人心烦，因而也须避免。

在演出过程中，喋喋不休地为人做讲解是不为人喜欢的愚蠢行为；让手机等通信工具发出刺耳的声音也会引起大家的侧目，所以应关闭或调至振动。

注意管好随行的小孩，让小孩在演出场所随意走动、吵闹或发出其他声音，都会影响周围观众的欣赏心情。如果小孩还没有到可以欣赏相关演出的年龄，最好不要带他们去，否则，对自己和孩子都是一种折磨。

4. 适时地鼓掌

在观看演出的过程中，适时地鼓掌，不仅是欣赏水平的表现，也是对演出者精彩演出的肯定、鼓励与感谢。在以下这些场合一般应鼓掌：

启幕和落幕的时候；

观看芭蕾、歌剧或其他戏剧时，男女主角上场的时候；

听歌剧时，某个很受欢迎的歌唱家第一次出场的时候；

在演奏会上，指挥登上指挥席的时候；

在演奏交响乐时，一个乐章演奏完的时候。

在演出期间，一场精彩的演出，一曲美妙的独唱，一段杰出的对话都可以用鼓掌来表示欣赏，但在这种情况下，不宜鼓掌太久，以免影响演出的正常进行。

（二）图书馆与阅览室

图书馆、阅览室是公共的学习场所。一般来说，去这些地方的人，都是爱学习、有素质的人，所以应自觉遵守相应的礼仪规范。

1. 要注意整洁，遵守规则。不能穿汗衫和拖鞋入内。就座时，不要为别人预占位置，查阅目录卡片时，不可把卡片翻乱或撕坏，或用笔在卡片上涂抹画线。

2. 要保持室内安静，不要大声说话，或在座位上交谈，以免影响他人学习，打断思考者的思路。需要在这里学习一天，又自备了午餐的，可以到餐厅、休息室或目录厅里去吃，不要在阅览室里大吃大嚼，以免破坏那里的气氛，同时对周围的读者也不礼貌。

3. 学校和公共图书馆的综合阅览室里读者较多，早来的人不应该给晚来或有可能不来的人占座位。即使阅览室内人很少，也不能利用空座位躺卧休息。

4. 借阅图书时，要看清注意事项和索书条上的要求，然后填写索书单。递交索书单后要耐心等一会儿，不要站在出纳台前催促，以免影响工作人员的工作。

5. 图书是历史的档案，知识的载体，有图书存在，一切就有源可寻，所以爱护图书十分重要。不少人看书时有折角、在书上画重点号或其他标记的习惯，但对图书馆的书不能这样。至于有意把自己需要的资料、图片撕下来或"开天窗"则更为恶劣。图书馆里的图书是为全社会服务的，毁坏图书的不道德行为一向受到人们的强烈谴责。一旦发生这种事情，工作人员就要严肃处理。轻则批评教育，重则加倍赔偿。如果是珍贵书刊被毁，还要依法从严处理。需要资料可与工作人员接洽，图书馆一般都备有静电复印和照相复制业务为读者服务。

6. 要遵守阅览规则，不要利用图书馆安静、舒适的条件在这里谈情说爱。

（三）博物馆或画廊

1. 到博物馆或画廊参观展览，要严格遵守社会公共秩序。买票、排队进场，不能拥挤。进场后不可大声喧哗、东奔西跑，要顺着人流自然行进。有讲解员讲解时，要认真听，但不要拼命往前挤；有什么问题可以向讲解员或主办者请教，但不能影响别人的工作。没有讲解者时，可以自己认真参观，并通过一些文字说明加深了解。

2. 在参观文物或作品时，要注意遵守场内纪律，绝不可伸手随便触摸，隔着玻璃柜时，注意不要压碎玻璃等。在写着"请勿拍照"的牌子旁边，就不要拍照。

（四）观看体育比赛的礼仪

体育比赛看台，是社会舞台的自然延伸。看比赛，讲礼仪，是中华民族的传统美德与社会时尚的完美结合。作为观众，不仅要遵守社会公德，而且要遵循体育比赛特有的礼仪要求，做文明清醒的观众，努力营造出看台礼仪氛围。

1. 尽量提前或准时入场，在入口处，主动出示票证请工作人员检验；背包入场必须安检。

2. 进出场时，不要拥挤，遇到老弱病残者应主动礼让。

3. 进场后对号入座。如果比赛开场，应就地入座，比赛中不能随意走动，待中间休息时再寻找自己的座位。

4. 进入比赛场地后，应关闭随身携带的手机等通信工具。

5. 在比赛中，举行升旗仪式时，观众应当面向国旗，肃立致敬，不能嬉笑打闹或者随意走动。对于其他国家的国旗、国徽，也应当本着相互平等、相互尊重的原则，给予应有的尊重和礼遇。

6. 观看比赛时，不抽烟，不吃带响声的食品；不大声喧哗，切忌起哄、吹口哨、怪声尖叫、喝倒彩、扔东西。

7. 比赛过程中照相不能使用闪光灯；规定禁止照相的应遵守。

8. 观看体育比赛时应热情地为双方运动员加油，要给对方运动队、运动员以礼貌的致意；不嘲讽、辱骂裁判员、运动员、教练员，不做有损国格、人格之事。

9. 比赛结束时，要向双方运动员鼓掌致意；等比赛完全结束再有秩序地退场，不随便中途退场。

10. 衣着整洁，举止文明，室内观看比赛时不戴帽，不把衣物垫在座位上。

11. 爱护公共设施，不蹬踏座椅，不乱涂写刻画。

12.许多体育比赛都有一套固定的观赛原则。观众应提前了解该赛事的相关知识,不要盲目观赛。

一个成熟、文明的观众,充满激情而又富有责任感,永远是体育运动发展历程中不可或缺的推动力量。

第四讲 社区服务礼仪

服务业是国民经济的重要组成部分，服务业的发展水平是衡量现代社会经济发达程度的重要标志。随着服务业的迅速发展，服务领域不断拓展，服务内容不断丰富，服务对象日趋复杂，对从事服务业的广大员工的礼貌服务也提出了更高的要求。服务接待工作的质量与服务设施有关，更与服务接待人员的服务技能技巧有关。礼貌服务不仅能够使宾客满意，给宾客留下美好的印象，还能弥补设施等方面的不足。如果服务人员对客人冷若冰霜、傲慢无理，即使具有一流的设施，客人也会望而却步。可以说，在市场经济条件下，商品的竞争就是服务的竞争，将硬件建设与软件服务有效结合，把客户服务放在第一位，最大限度地为客户提供规范化、个性化的服务，是所有服务行业工作人员都应思考的课题。能为客人提供物有所值的服务是职业本分，能为客人提供更完善的物超所值的服务是职业美德。因此每一个即将走上工作岗位的服务者或者已经从事服务行业的人员都应该从自身需要和事业的发展两个方面来认真学习服务礼仪知识，并努力在实践中加以应用,以满足世界各国不同肤色、不同阶层客户的服务要求,树立我国服务业的良好形象。

一、服务礼仪概述

服务礼仪是指在服务行业中通用的一种礼仪规则,主要是指服务人员在自己的工作岗位上所应当遵循的一些符合"礼"的精神的行为规范。具体来说,就是服务人员在自己的工作岗位上向服务对象提供礼仪服务时正确的、标准的、具体的做法。服务礼仪的作用领域非常广泛,饭店宾馆业、商场服务业、酒吧服务业、剧场服务业、银行窗口等,都需要使用服务礼仪。

(一)服务礼仪的意义

1. 服务礼仪决定工作质量

服务是不以实物形式,而以劳动形式为他人提供某种效用的活动,其劳动成果,不是有形的使用价值,而是无形的效用。服务活动是在人与人的交往中实现的,在这个过程中,人的态度、情感不可避免地对服务活动的效果产生很重要的影响。服务质量的好坏有硬件和软件之分,硬件就是固定的设施,软件就是服务人员的素质所体现出来的服务。服务行业良好的设施和文明礼貌的服务可以给人一种"艺术"享受,给人以美的陶冶。在工作过程中越是重视礼仪,讲究礼仪,工作的质量就越高,效果就越好,客人对本企业的美誉度也会大大提高。

2. 服务礼仪体现文明程度

服务行业不仅以广泛的劳务服务显示出社会的物质文

明的发展程度，而且以完善的劳务服务显示出社会精神文明的发展程度。人们往往从这里寻找对生活的感觉、对社会的评价。服务人员是接触客人的最主要的窗口，服务行业的工作者在服务过程中提供文明、礼貌的服务，会给服务者一种舒服、体贴的感觉，一种心理上的愉悦和满足，使人们感觉和体味到社会生活的美好、人际关系的温暖。从某种意义上讲，服务礼仪体现服务人员个人的修养素质，体现社会道德准则对人们的观念和行为的影响，也体现社会文明程度的高低。

3. 服务礼仪提升经济效益

服务业是在人与人之间的交往过程中提供和完成的特定劳务。因此，服务行业经济效益的提高，必须以提高营业额，也就是扩大服务对象的范围和服务对象的数量为基础。从现代服务业的特征来看，服务质量是指服务能满足服务需求的特性的总和，包括物质需求和精神需求。从物质需求的角度来看，需要服务行业提供良好的硬件条件，而从精神需求的角度来看，需要服务行业提供自由、平等、亲切、友好、尊重、谅解的氛围。在物质条件具备的情况下，服务质量的高低，主要取决于规范化的礼貌服务。只有通过符合要求的礼仪服务，才能牢固地吸收更多的顾客，使服务对象不断扩大，拥有日益增多的"回头客"，才能提高经济效益。

4. 服务礼仪塑造公司形象

不卑不亢、落落大方、遵循礼规的员工，构成了一幅和谐温馨的服务画卷。善待他人，善待社会，团结奋进的企业文化由此体现，彬彬有礼的公司形象得以形成。

（二）服务礼仪的特征

1. 差异性

服务礼仪的具体运用，会因为现实条件的不同而呈现出不同的差异性。同一种礼节形式会因为时间、地点的不同而使其意义不相同，在相同的场合针对不同的对象也会有细微的差别，同样是握手，新老朋友之间的力度会有差别，男女之间的力度也应不同。

2. 继承性

服务礼仪是礼仪文化的重要组成部分。当今我们学习的服务礼仪就是从古今中外礼仪理论中沿袭而来，通过长时间的发展而形成的适合服务行业的相对礼仪标准。

3. 规范性

服务礼仪是一种行为准则。它要求树立顾客至上的思想，提供给宾客的服务要依据规格，按规定的程序有序进行，做到行为敏捷、动作优美、不卑不亢、训练有序，不能马虎和随心所欲。

4. 应用性

服务礼仪的应用性较强，它不是纯理论的礼仪规范，而是需要服务人员在工作中去应用，在实践中去进步。服务礼仪来源于社会实践，并且直接服务于社会实践。

（三）服务礼仪准则

服务礼仪有自己应该遵循的准则，只有遵循服务礼仪准则，严格要求自己，才能真正做好服务工作。

1. 客人永远是对的

作为服务人员，经常会听的一句话就是"客人是我们的上帝,客人永远是对的"。这是服务业的一条通行的礼仪准则,意思是要把"对"让给顾客,把"面子"留给顾客。这句话可以从几个方面来理解。

第一,这句话是行业的口号。"客人永远是对的",这是服务业为实现优质服务而提出的一个口号,这个口号体现了服务人员对客人的一种尊重。

第二,客人是我们的衣食父母。客人来服务场所进行消费,一个重要的心理就是花钱买享受。"客人是我们的衣食父母。"作为服务人员应该做到让自己提供的服务"物有所值",最好是"物超所值",这就要求服务人员要摆正心态,不要轻易去指责客人,避免与客人发生争执,让客人有一个愉快的心情。

第三,服务要有正确的态度。不要以为服务员低人一等,这是工作角色,整个社会都是你服务我、我服务你的一个循环,所以正确对待自己的岗位,热爱自己的岗位。消沉的服务员工们如果能尝试着转变思想,就会发现原来服务不再是一种令人厌烦、枯燥的工作,而是愉快、充实、美丽的职业。

◎ **小资料:"顾客永远是对的"的精髓所在**

充分理解顾客的需求:对顾客提出的各种正当需求。服务人员应尽量予以满足,如果确实难以满足,必须向顾客表示歉意,以取得顾客的谅解。

充分理解顾客的想法和心态:顾客在接受服务的过程中,如因产品、服务或自身情绪等原因而有些出格的态度或要求时，服务人员应给予理解，并以更优秀的服务去感化顾客。

充分理解顾客的误会：由于文化、知识、地位等差异，顾客对服务可能因不甚理解而提出种种意见或拒绝合作，服务人员必须向顾客做出真诚解释，并力求给顾客满意的答复。

充分理解顾客的过错：有些顾客喜欢有意找碴或强词夺理，服务人员在坚持"顾客总是对的"的原则下，把理让给顾客，给顾客面子。

2. 服务要做到"三心二意"

"三心"是指耐心、爱心、关心。"二意"是指诚意和善意。

爱心是指提供热情的服务，不管对方是男女老少、贫富贵贱都要一视同仁，让对方感觉到温暖。关心是指服务的主动性，见到客人要主动问候，主动问询，主动招呼，主动征询客户意见。让客户高兴而来，满意而归。耐心是指对客人提出来的各种意见耐心听取和处理，不能有烦躁、不耐烦的表现出现。懂得委婉处理，退一步海阔天空。

善意是指为客户要提供个性化的，真正从客人的利益出发的服务。诚意是指周到的、细微体贴的服务，想客人之所想，急客人之所急，把客人的困难当成自己的困难去帮助客人排忧解难。

3. 服务应该准确细腻

第一，服务必须标准化。根据提供服务的场所、时间，依照服务的标准规定，准确地、专业地做好各项服务，是服务礼仪的具体体现。比如在倒红葡萄酒和倒白葡萄酒时的分量及比例是不同的，这是有相应的标准要求的。

第二，服务必须个性化。注意客人有什么需求，需要怎么样去进行服务才能让客人满意，这就是服务要个性化的问题。服务场所要针对不同的客人来采取不同的服务方式，细心、周到、细腻的服务才会受到客人的欢迎。个性服务不完全是超常服务，它是规范化服务的延伸，体现了员工工作的责任心、感情投入和工作灵活度。在提供规范、标准服务的同时，注意对待不同的客人提供有针对性的服务。豪华酒店的"金钥匙"，被客人视为"万能博士"，他们服务宗旨是"尽管不是无所不能，却一定要是竭尽所能"。把困难的大门一一打开，为客人解决所有的疑难杂症。只有把个性化服务做好，才能让客人把满意上升为惊喜。

4.服务应该以德报怨

第一，服务要摆正态度。不会有人要求服务员的工作必须是完美无缺，尽善尽美，人们所要求的是态度，是你是否尽全力工作，对工作应付是绝对不可以的。

第二，服务要真诚友善。如果服务员能够坚持以真诚友善的态度对待客人，即使偶尔犯了错误，也会被原谅。如果真有客人对服务人员吹毛求疵、鸡蛋里挑骨头，那么作为服务员也应该去学会忍耐，不能以怨报怨，而要用自己真挚的心来感动客人。

第三，服务让我们进步。要从心理上认识到只有通过客人的抱怨，我们才能知道自己的工作还有哪些不足需要去改正。通过客人的意见可以让工作更上一层楼。在服务员与客人的关系中，服务员要以一颗宽容平和的心，处理好与客人之间的关系。

二、服务礼仪形象

服务业中要求的礼仪形象有别于商务礼仪、涉外礼仪、公务礼仪等。在服务过程中如果打扮得过于花哨或者时髦会给客人不好的印象，因此对于服务员的仪容和仪表有其特殊的要求。

（一）服务服饰礼仪

1. 服务人员着装的整体要求

第一，要注意四个长度适中：衣袖至手腕，衣长至虎口，裤口至脚面，裙口至膝盖；无污垢、无油渍、无异味，尤其是领口、袖口要保持干净。

第二，要注意四围大小松紧适度：领围以插入一指大小为宜，上衣的胸围、腰围和裤裙的臀围以穿一套内衣裤的松紧为宜。

第三，内衣不能外露，不挽袖卷裤，不漏扣、掉扣；领带、领结、飘带与衬衫领口的吻合要紧凑，不可系歪；衣裤均不起皱，烫平，裤线笔挺，保持平整、挺括。

第四，工号牌应端正地佩戴在左胸上方，每日上岗前，自觉戴好。工号牌有损坏时，要及时更换；岗位有变化时，也要及时更换。

第五，工鞋、袜子是工作服饰的一部分，必须按规范要求穿着；皮鞋应及时擦干净，上光打亮，破损的鞋应及时修理或弃之不穿；男员工的袜子的颜色一般是黑色，不可穿浅色或花色袜子，女员工应穿着与肤色相近的丝袜，要求袜口不可露在裙子外面，丝袜有跳丝破损要更换。

2.男服务员服饰礼仪

男服务员着装要整洁整齐，上班穿工作服装，经常保持整齐干净，裤长应合适，衣袋内不装多余的物品。不可敞怀，要穿白色衬衣，并保持整洁。领带应该打正，脏了要洗，破了要换，系领带时，要将衣服的下摆扎在裤子里。鞋子穿黑色的皮鞋或布鞋，鞋不能破损，皮鞋擦油，保持光亮，布鞋保持干净、整洁，鞋底与鞋侧面同样保持清洁，不要留有碰擦损痕或者是泥巴污垢。要经常洗手，手腕也要清洗干净，以保持袖口的整洁。

3.女服务员服饰礼仪

女服务员服饰要端庄，不要着太薄、太透、太露的衣服；领口干净，衬衣领口不能太复杂、太花哨；可佩戴精致的小饰品，如点状耳环、细项链等，不要戴太夸张太突出的饰品；工号牌佩戴在规定位置，注意不能与私人饰品并列佩戴；鞋要洁净，款式大方简洁，不应有过多装饰与色彩，中跟为好，鞋跟不能太高太尖，也不能是系带式的男士鞋。

（二）服务仪容礼仪

1.男服务员仪容礼仪

（1）发型

款式大方，不怪异，不太长也不太短，头发干净整洁，无汗味，没头屑，不抹过多的发胶把头发弄得像刺一样硬。按照常规不能允许男性服务人员在工作时长发披肩，或者梳起小辫子。男性服务员在修饰头发的时候，必须要做到：前发不盖着额头，侧面的头发不遮眼睛，后面的头发不接触衣领。

（2）手

手的清洁反映一个人的修养和卫生习惯，要随时清洗双手，使之处于干净状态。要经常修剪和清洗指甲，不准留长指甲。

（3）修饰

耳朵内外清洁干净，鼻孔内外清洗干净。每日早晚要洗脸，清除附在面颊和颈部的污垢、汗渍等不洁之物，使其容光焕发，显示活力。男子胡须要剃净，鼻毛应剪短，不留胡子。

（4）其他

保持口腔卫生是与客人交往的先决条件。要做到每日早晚科学地刷牙，饭后漱口，以清除牙缝内的饭渣，防止牙石沉积。上班前不可饮酒，忌吃葱、蒜、韭菜等有刺激味的食品。

2.女服务员仪容礼仪

（1）头发

保持干净整洁，有自然光泽，不要太多使用发胶；发型大方、高雅、得体、干练，前发不要遮眼遮脸为好。头发的长度不宜长于肩部，不允许随意将头发披散开。在上岗之前，将超长的头发盘起来，扎起来，束起来或者置于工作帽内。

（2）手

手要经常清洗，保持干净，冬天要抹些护手霜，防止手部皮肤开裂。指甲要经常修剪，不留长指甲，不涂指甲油。

（3）修饰

女服务员上班应该化淡妆、施薄粉、描轻眉、唇浅红。

不准戴手镯、手链、戒指、耳环及夸张的头饰，戴项链不外露。不准戴色眼镜和饭店规定以外的物品和装饰品。

（4）其他

在平时的工作中随时捏走吸在衣服上的头发。丝袜挂破了一定不能再穿，可以在随身包里备一双丝袜。服务人员上岗之前不能喷洒过浓的香水，有体味者可以喷洒一些淡型香水来掩饰。

（三）服务仪态礼仪

宾客往往以服务员的语言和动作、行为、态度来作为评价服务的标准，因此，服务人员要注意自己的仪表和举止礼仪，适时调整自己的行为使之达到最佳状态。给人以端庄、大方、美观的印象，使宾客有宾至如归的感觉。

1.服务仪态标准

第一，站姿要挺拔

（1）服务站姿要求

男员工可以：两眼正视前方，头微上仰，挺胸收腹；两手自然交叉于背后；客人到达楼层时，双手从背后往前移，做出为客人服务的准备姿势；双脚分开，与肩同宽或比肩略宽。女员工可以：两眼正视前方，头微上仰，挺胸收腹；两手交叉于腹前，右手掌搭在左手背上，两手的虎口靠拢，指尖微曲；双脚并拢，保持随时向客人提供服务的状态；双手不叉腰、不抱胸、不插袋；站累时，脚可向前或向后伸半步或移动一下位置，但上身仍应保持正直；脚不可伸开太大，不可倚壁而立；给人以挺拔向上、庄重大方、精力充沛的印象。

(2)服务站姿禁忌

站立时忌弯腰驼背，摇头晃脑，东倒西歪；忌倚在椅、门、墙上，靠在宾客座椅背上；忌把脚踏在凳上或在地面上蹭来蹭去，不要乱踢地面上的东西。

第二，走姿要端庄

(1)服务走姿要求

行走时步履应自然、轻盈、敏捷、稳健。女子的步态要轻盈，有节奏，展示出曲线美；男子的步态要充满阳刚之气。迎客时走在前面，送客时走在后面，客过要让路，不许在宾客中间穿行而过。服务人员与客人相遇，要缓行，点头致意并主动让路。引领客人行走时，要随时问候客人，不可左顾右盼，摇晃肩膀或低头看地；双手肘关节不弯曲，摆动幅度平行；略用脚尖力量点地，落地重心在脚拇指和食指之间的关节上，使人觉得富有韵律和弹性，但不要给人以操练的感觉；遇到拐弯时要放慢步子示意；步速随客人而快而慢。

(2)服务走姿禁忌

在服务的过程中接待场所，要按规定路线行走，一般而言要靠右行，不可走中间；行走时忌讳急跑步或脚跟用力着地而发出声响，行走路线弯曲甚至东张西望，不打招呼，不致歉意，与人并行，勾肩搭背。不可与客人抢道或并行；有急事要超越客人时，不可跑步，要用口头示意并致以歉意后再加紧步伐超越。

第三，坐姿要优美

(1)服务坐姿要求

坐姿端正是服务体语的一种表现，要求走到座位前，转身后退,轻稳坐下。上身挺直双臂放松,两脚自然并拢,手自然放在双膝上,手指并拢。女服务员穿裙装入座时,应将裙向前收拢一下再坐下。腰背挺直,两臂自然弯曲放在膝上,双腿并拢。起立时,右脚向后收半步。男服务员要自然大方,落座也要轻,双膝分开不要太大。

(2)服务坐姿禁忌

就座后忌讳:双腿平直伸开呈叉开状,将脚尖翘起,左右摇晃;双脚缩在椅子下面;翘"二郎腿",脚尖对着宾客,频繁地抖动;在宾客面前双手抱膝;旁若无人地整理头发和衣服;不时摆弄手指、衣角、手帕或其他小件物品;脱掉鞋子或把脚露在鞋外;双手交叉于脑后仰坐在工作台旁。

第四,手势要自然

(1)服务手势要求

自然优雅、规范适度、落落大方。男员工出手要有力,女员工出手要优雅;在给宾客指方向时,伸手,手指以肘关节为中心转动到指示方向,并且眼睛和手的方向一致。不可用一个手指为客人指示方向。善用右手手掌,斜切于地面,手臂为120度,应该是怀抱状最自然。在用鼓掌来表示对客人的欢迎或祝贺、感谢时,一般应用右手手掌拍左手掌心,但不可过分用力,不可鼓掌时间过长。

(2)服务手势禁忌

手势不宜过多,幅度不宜过大;忌在宾客面前拉拉扯扯,或在宾客背后指指点点;忌讲到自己时,用手指着自己的鼻尖,讲到别人时,用手指点别人;忌手势动作过快,手舞足蹈;忌在宾客面前吸烟、吃零食、掏鼻孔、剔牙齿、挖耳朵、打饱嗝、打喷嚏、打哈欠、抓头、搔痒、修指甲、伸懒腰等服务业不允许的行为。

第五，蹲姿要优雅

（1）服务蹲姿要求

取拾物品时，可采用交叉式蹲姿或高低式蹲姿。女服务员采用双腿交叉式下蹲时，右脚在前，左脚在后，右小腿垂直于地面，全脚着地，左腿在后与右腿交叉叠放，左膝由后面伸向左侧，左脚跟抬起脚掌着地。两腿前后靠紧，合力支撑身体。臀部向下，身稍前倾。男女服务员采用高低式下蹲时左脚在前，右脚稍后（不重叠），两腿靠紧向下蹲。左脚全脚着地，小腿基本垂直于地面，右脚脚跟提起，脚掌着地。右膝低于左膝，右膝内侧靠于左小腿内侧，形成左膝高右膝低的姿态。臀部向下，基本上以右腿支撑身体。

（2）服务蹲姿禁忌

拿取低处物品或拾起落在地面上的物品时，不可弯腰曲背，低头翘臀，双脚叉开，既不文雅，又不礼貌。

2.服务表情标准

第一，服务人员的眼神

（1）服务人员的眼神要求

双目炯炯有神，体现出热情、礼貌、友善，诚恳；服务时精神集中，注视宾客，走路、站立时双目平视，不左顾右盼。站立着回答客人问题时，与客人相距60厘米到100厘米，目光停留在客人眼睛和双肩之间的三角区域。

（2）服务人员的眼神禁忌

俯视（表示歧视、轻慢）；左顾右盼（表示心中有事、注意力不集中、满不在乎）；瞪眼凝视（表示敌意、使宾客无安全感）；斜着扫一眼或白眼（表示鄙夷或反感）；正视逼视（表示命令、使宾客有压抑感）；眼睑微睁，目光涣散（表示胆怯、疑虑、走神、疲惫、失意、无聊、无精打采，无工作热情）；眼睛眨个不停或眯着眼看宾客（表示疑问、轻视、惊奇、看不清楚）；不停地上下打量宾客（表示挑衅、怀疑、好奇、吃惊）；只与宾客打招呼而不注视对方（表示不欢迎、不在乎）；无视，即闭视（表示疲怠、反感、生气、无聊、心不在焉）。

第二，服务人员的微笑

（1）微笑的作用

微笑是自信、友好的表示。在服务行业中，微笑会使顾客盈门，生意兴隆。美国"旅馆之王"的希尔顿，是世界上非常有名的酒店创业者，也是一位国际酒店集团最成功的管理者。他所经营的"希尔顿酒店"成功的秘诀之一，就在于要求服务人员展现出微笑的魅力。希尔顿平时问属下最多的一句话就是"今天你对客人微笑没有"。这句话成为酒店管理中的至理名言。

微笑服务，既是一种职业要求，又是服务水平高的标志。如果服务没有微笑，足以使"宾至如归"变成一句空话。

（2）微笑的方法

日本一位学者曾经说过，世界上最美的微笑是露出八颗牙齿。其实，发自内心的自然的微笑都是美的。客人是服务行业的衣食父母，服务人员应该对客人心怀感激，在看到客人的时候要调动起自己的积极性发出来自内心的微笑，这样才能打动人，而不能"皮笑肉不笑"。微笑是可以训练的，平时可以用几个发音词来练习微笑，如"切""姐""钱"等。

（四）服务语言礼仪

服务语言是服务中用来表达意愿、交流思想感情的工具，讲究服务语言艺术，掌握基本的服务礼貌用语，是服务的基本要求。

1. 服务语言艺术

服务行业中有一句俗话："一句话使人笑，一句话使人跳。"这是很有道理的。服务人员要讲究语言艺术，要根据不同的接待对象，用好尊敬语、问候语、称呼语等，做到谈吐文雅、语调轻柔、语气亲切。要熟记和掌握本部门的专业用语和常用的服务用语，"请"字当先，"谢"字随后，"您好"不离口，使客人感到亲切和温暖。要掌握一门外语，特别是英语，以便为外国客人提供良好的服务。

2. 服务语言示例

第一，规范用语

序号	文明用语	序号	文明用语
1	先生/小姐，您好！请问有什么需要帮助的吗?	13	请到××窗口找××办理手续
2	请问你要办哪项业务	14	这是您的×××，请查收
3	您这种情况（行为），依照××规定应给予××处罚，请理解	15	对不起，您的××内容填错了，应该××填写，请重新填写一份好吗?
4	对不起，电脑出现故障，我们正在检修，请您稍等	16	对不起，请您在那边稍坐一下，我们很快就给您办理

（续表）

序号	文明用语	序号	文明用语
5	请问,您要办什么业务?我马上给您办	17	对不起,让您久等了,请问您要办理什么业务
6	真对不起,让您久等了	18	请慢走,欢迎您再来
7	对不起,您的××资料不符合××规定	19	请收好资料,再见!
8	请问这项数据是怎么来的?	20	先生/小姐,我陪您到×部,请他们帮您办理
9	工作中出现差错时说:"对不起,请原谅"	21	收您××元,找您××元,请您点一下
10	请补上××内容	22	请稍候
11	请出示××证件	23	请您在这里签字,谢谢
12	请您递上××资料	24	这是您需要的××,请确认

第二,店铺和柜台用语

序号	具体场景	文明用语
1	当客户进来的时候	先生/小姐,您好(微笑点头致意,欢迎光临)
2	当客户再次光临的时候	先生/女士,您好,很高兴再次见到您
3	当客户表示要随便看看的时候	先生,您好,我是××,当您需要时,请您随时叫我
4	当客户四处张望的时候	能为您服务吗?
5	当客户询问的时候	应主动热情回答客户所提问题
6	询问客户的时候	先生,请问您……
7	需要客户等待的时候	对不起,请您稍候 对不起,请您稍等,马上为您服务
8	客户等候之后	对不起,让您久等了
9	客户疲倦的时候	请您坐这稍稍休息一下,您喝咖啡还是喝茶?
10	给客户上茶的时候	请您喝……慢慢挑选
11	需要客户配合的时候	请您……

(续表)

序号	具体场景	文明用语
12	给客户造成不便的时候	对不起,由于我们的原因给您造成的不便,实在抱歉,我们会尽快帮您解决
13	需要客户让开的时候	对不起,打搅您了,谢谢
14	需要打断客户说话的时候	对不起,打扰您一下
15	遇到客户投诉的时候	对不起,请您多包涵,我们马上处理,让您满意
16	客户有意见的时候	对不起,给您添麻烦了,我们会尽快解决
17	客户有建议的时候	谢谢您的指教,我会尽快向上级汇报的
18	向客户道歉的时候	对不起,实在抱歉,真是太失礼了/真是过意不去
19	当客户表示感谢的时候	您不必客气,这是我们应该做的,有不周之处,请多包涵
20	客户对服务满意的时候	不要客气,照顾不周的地方,请您多包涵
21	客户交款的时候	先生,您好,请您稍候。(唱收唱付,熟练流畅)这是您的……(同时双手递送)请您收好,谢谢
22	客户交完款的时候	感谢您的光临,欢迎再来
23	交给客户商品的时候	请您拿好,谢谢您的光临,欢迎您下次再来
24	客户离去的时候(完成购买)	请您走好,欢迎您再次光临。希望下次光临时,我还能为您服务
25	客户离去的时候(没购买)	对不起,现在还没有适合您的××,我会及时上报公司为您准备其他的款式,欢迎您随时过来看看

第三,医疗用语

序号	文明用语	序号	文明用语
1	早上好,昨晚休息得好吗	13	请您先试一下体温,腋下试10分钟,请坐下稍等
2	今天的天气真好,开窗换一下空气好吗?	14	请稍等,我马上给您分诊

087

（续表）

序号	文明用语	序号	文明用语
3	您现在感觉怎么样？	15	建议您到××科就诊和咨询
4	现在我为您检查，请您配合	16	请到注射室做皮试
5	您请坐，请问您哪里不舒服	17	请稍候，我马上给您办理接诊手续
6	请您慢慢说，别着急	18	您出院后，请按时服药，好好休息，按规定时间到门诊复诊
7	请躺好，我为您检查一下	19	您好，我是您的主管医生，我姓×，希望我们互相配合，您有什么事情可以随时找我
8	请您不要紧张，放松，让我为您检查一下，谢谢您的合作	20	对不起，让您着急了，×××，我理解您的心情
9	请坐，请放松，注射时请别紧张	21	您如果有事，请按指示灯
10	对不起，请您伸出手来取血	22	经过一段观察、治疗，现在您的病情基本平稳，可以回家休养。如果有什么不舒服，请及时来院就诊
11	注射时如有什么不适感，请您告诉我	23	抽血后，请您压住抽血处，以防皮下淤血
12	请您坐好、手放平，以防针头滑出	24	对不起，病人病情很危重，请家属尽量配合我们做好工作，我们一定全力抢救
		25	对不起，我们这是女性患区，谢绝单独来的男士逗留

三、服务礼仪技巧

（一）传送物品

1. 递送书本的时候，要双手递送，双手手指部分托着书本的下部，大拇指把着书本的上沿。正面朝向客人递送过去。

2. 传送笔的时候，要右手拿着笔的笔尖部分，左手轻托笔的下半部分，双手递送到客人的右手边。如果对方是左撇子就放到对方的左手边。

3. 递送刀具的时候，不要把刀刃对着客人，要将刀尖和刀刃的部分对着自己的斜右方。双手递送给客人。

4. 递送一张比较薄的纸张的时候，要将纸张正面朝向客人，右手捏着纸张的上半部分，左手捏着纸张的下半部分双手递送给客人。

5. 给身份高的人呈送文件的时候，字的正面朝向对方，上半身欠身15度，双手递送。

6. 上茶。中国讲究上茶敬人，当来了客人的时候要敬茶。那么在上茶的时候也有相对的礼节。在拿取茶叶的时候不能直接用手拿取，而要用专业的茶匙来取茶叶。第一次冲泡的茶水可以倒掉，称为洗茶。在上茶的时候如果是一次性杯子最好是有个杯托，如果没有杯托茶水就不要加太满，自己握着杯子的下半部分，把杯口比较凉也卫生的部分交给客人拿捏。自己不要触碰杯口的位置。如果使用玻璃杯子，应把茶水加到杯子的七成满为最佳。上茶时把杯子放到客人的右手边，并用手势手指示杯子的方向对客人讲一句："请慢用。"如果客人伸手来接茶水的话应当记得提醒一句"小心烫"。

如果是给主席台领导们上茶就应该从对方的右后方上茶，避免走在前面挡着领导们的视线。如果后面位置很挤，那么就要从前面上茶，可以使用托盘，从左侧上，将领导们的杯子按顺序收好，然后加好茶后再从右侧上，把茶水依次放到领导们的面前。如果是一次性杯子，就拿一个小水壶以蹲姿加水。如果递有把手的杯子，要将有把手的一方斜45度放在桌前。

（二）服务细节

1. 身行走时，正面留给观众，拐弯的时候以外侧腿变方向，自然转身。

2. 托盘的时候，左手五指叉开，大臂与地面垂直，小臂与手与地面平行，向左前方45度。右手背贴于后臀。剪彩时，右边上台的人以右手托盘，左边上台的人以左手托盘，到所需位置时双手托盘，面向观众，剪完彩后，领导随礼仪小姐引领方向离席，托盘的礼仪小姐随即离台。

3. 侧面蹲时，面向前方的腿低下来，双手放在高的膝盖上。半蹲时，采用点式丁字步，男士双膝可以分开。

4. 引领时，领位人员走在客人的左前方一米左右处，不要妨碍客人的视线。上楼梯时，领位人员走在客人的左后侧，把有扶手的一边留给客人。下楼梯时，领位人员先下，把有扶手的一侧留给客人。

5. 走自动楼梯的时候，所有的人站在黄线的右侧。黄线的左侧属于急行通道，不能站人，无论是上楼梯还是下楼梯都要让客人站在较高的位置，避免让客人仰视。

6. 引导客人上下电梯，进电梯时间如果没有专人服务，引领人先进后出；有专人服务，引领人后进后出，按住按钮控制电梯的开关。

第五讲 社区交际礼仪

中国民间有句俗语"人情如把锯，你不来我不去"。可见人际交往是一种有来有往、互相交流情感的双边或多边活动。要把握好交际活动的艺术，应该注意交际方面的礼仪要求。

一、语言礼仪

语言作为人类区别于动物的第二信号系统，是人们在各种社交活动中所依赖的主要工具之一。而交谈则是语言在社交活动中的主要形式。它也是人类口头语言表达活动中一种最基本、最常用的方式。是两个或若干个人运用口头语言为工具，以对话为基本形式，进行思想、感情、信息交流的语言表述活动。交谈中对话双方互为发言人或互为听众，所以要掌握好交谈这种交际工具，不仅要把握说的技巧，而且要洞悉听的艺术。

（一）交谈的技巧

交谈语言的优劣直接影响着交谈效果的好坏，就像吃饭穿衣一样，人类离不开它，但不同的食物、衣着却有千差万别的营养、御寒或审美等实用价值。如古语所说"良言一句三冬暖，恶语伤人六月寒"，"酒逢知己千杯少，话不投机半句多"，原因固然很多，但交谈的技巧却始终是一个重要的、不可忽略的因素。

第一，选择话题，避讳隐私

交谈的话题就是交谈的中心内容。选择得当的谈话主题，能决定一次谈话的格调与成败。所以选择话题一定要慎重。

首先，交谈话题要考虑民族习惯、文化背景、倾听者的素质等因素，凡涉及个人隐私的话题、非议他人的话题、令人反感不愉快的话题、倾向错误的话题以及低级庸俗的话题等都应主动回避。如个人年龄、收入、家庭婚姻、财产、疾病、死亡等内容都是在交谈中应尽量避开的。

其次，选择话题不能一厢情愿，要根据交谈者的品位、兴趣等因人而异。如对女模特谈时装肯定强过谈哲学研究，对小孩谈时事政治就不如谈动物世界会令其更有兴趣。这就是话题的对象性。

再次，为了避免话题选择的错误，我们可以从以下几点来把握话题的方向，以保障接下来的谈话氛围轻松友好：使用既定的话题；选择内容文明，格调高雅的话题；选择令人愉快，易于应对的话题；选择当下流行、人人皆知的时尚话题；选择双方或一方擅长的，有研究又有可谈之处的话题。

第二，善用赞扬，融洽气氛

有一则关于"赞扬"的故事，讲的是胖瘦两个猎人出门狩猎，傍晚，两人各打了两只野兔回家。胖猎人的妻子接过野兔时惊喜地说："哇！有两只呀！"瘦猎人的妻子接过野兔时也说了一句："咦！怎么才两只呀？"第二天，两个猎人同样出门打猎，傍晚，胖猎人拎着四只野兔，哼着小曲回到家中，得意扬扬地对妻子说："两只算什么，给你，四只。"而瘦猎人呢？两手空空地回到家中对妻子说："你以为打两只野兔容易吗？瞧！今天什么也没有。"

正如西方谚语中说，赞扬是仙人的魔杖，可以点石成金。在交谈中学会恰当得体地赞美别人，能引起对方的好感，协调彼此之间的关系，营造出一种热爱友好、积极肯定的交谈气氛。要在赞扬别人时获得好感，要做到：赞美要发自内心，真诚坦白；赞美要实事求是，恰到好处；赞美要区分场合，因人而异；赞美要选择角度，讲究艺术。

第三，善于提问，转移矛盾

提问是使谈话深入，获得未知信息的最直接方式。但要使提问达到预期效果，不仅要抓住问题关键，而且要讲究提问的方式。

很多人都听过这则幽默故事：教堂里，主教正带着一群教士做祈祷，有两个教士想抽烟了。其中一个教士问主教："主教，请问在祈祷的时候可以抽烟吗？""当然不可以。"主教回答。另一个教士也提问："主教先生，请问抽烟的时候可以祈祷吗？""当然可以。"主教回答。于是第二个教士开始一边抽烟一边祈祷。笑过之后，我们不难发现，同一个目的，提问的角度不同，得到的结果也是截然不同的。

（二）聆听的技巧

　　古人有"愚者善说，智者善听"之说。鲁迅先生曾经把孩子学说话的心理过程概括为"听取、记忆、分析、比较"，这里把"听"看作第一位，表明"听"是"说"的基础。练"口"先练"耳"，没有"听才"，就没有"口才"。这都是毋庸置疑的。"钟期既遇，奏流水以何渐"（王勃《滕王阁序》），这是伯牙善抚琴，钟子期善听音，遂成为生死之交的典故，被后世人称为"知音"的典范。可见，在人际交往中，善听能为我们赢得朋友。"兼听则明"的古训，更是告诫我们多听、善听有助于我们了解情况，吸收养分，从中受到启迪，开拓思路，获得成功。

　　聆听的技巧，我们可以概括为六个字：会心、虚心、耐心。然而要做到这六个字则应注意以下几点。

　　1. 倾听时要态度端正，全神贯注，不要随意打断对方的谈话。一方面表现出听者的诚意，另一方面体现出对对方的尊重。切忌漫不经心、心不在焉、左顾右盼、摆弄他物或老看手表。

　　2. 倾听不应是消极被动的，而应采取相应的提问、赞同、简短评述、重点重复等主动行为，以鼓励对方更深入地说下去，促使交谈氛围更加热烈融洽，双方交流更加虚心诚恳。

　　3. 聆听者还应善于捕捉信息。因为在社交中，人们不可能将肺腑之言和盘托出，所以我们应学会在聆听中思索，从而正确判断出说话者的真实意图和"弦外之音"。也只有这样，才能在"听出水平"的基础上有的放矢地做出有效的反馈,为发挥"说的水平"提供依据。

二、馈赠礼仪

礼品,作为情感的象征和媒介,在人际交往中能表达送礼者的慰问、祝贺、友好、感激等情感。是国际上通行的社交活动形式之一。尽管赠送礼品的方式多种多样,目的也各不相同,但要使赠礼达到预期的效果,都必须遵循一定的原则。

(一)注重情意,因人而异

送礼的成功与否,不在礼品的贵重程度,而在礼品能否起到传情达意之功效,是否适合受礼者的身份、特点及需要。这就要求我们首先考虑对方的兴趣爱好。如对方擅长书法,我们不妨送他文房四宝之类礼品。其次,要注意送礼的场合。如送礼至朋友办公室,适合送鲜花、书籍等较高雅之礼品;如送礼至朋友家中,则选择余地较大,食品、饰品、用品等均可,不太受局限。最后,要分清楚送礼的目的。如朋友结婚或生日,就应选择有长久纪念意义的礼品;如果是一般的拜访,则买些水果或鲜花均可。一般来说,出乎受礼者意料而又是他向往已久的礼品,是最受欢迎的礼品。

(二)注重效果,贵贱适宜

送礼的贵贱,主要考虑自己与受礼者的关系亲疏。如果比较亲密,送礼就可以贵重一些;如果比较疏远,则不宜送得过重,否则会引起受礼者"无功不受禄"的猜测。礼节性送礼,我们更认可"礼轻情意重"的原则。"君子之交淡如水",这样礼品才能真正成为人际交往中礼和情的载体,而不是人际交往的负担。

（三）尊重文化，随俗避忌

"礼，从宜；使，从俗"（《礼记·曲礼上》）。赠礼不仅要适合当时、当地和当事人的心态，更应适合当地的风俗习惯。避开一定的民俗禁忌。第一，数字禁忌。如给欧美人送礼，应避开数字"13"，因为在西方基督教中，"13"是个不吉利的数字。在韩国、日本及我国广东忌讳"4"，因为其读音与"死"谐音。"666"在我国因其读音与"顺"谐音而在送礼中是一个十分受欢迎的数字。但在国外，"666"是魔鬼撒旦的标志，在送礼中显然是个不吉利的数字。第二，颜色禁忌。如红色在中国代表吉利、喜庆，而在北非却代表死亡；白色在欧美国家代表圣洁，在中国却代表哀丧；黄色在中国代表高贵，在巴西和埃塞俄比亚却代表凶丧。第三，其他禁忌。如送礼给阿拉伯人，不能送酒。因为伊斯兰教是禁止喝酒的。在意大利和拉丁美洲，不能送刀剑，因为这些东西意味着友情的破裂和完结。在中国，给老人祝寿，忌讳送钟，因为与"送终"谐音。朋友之间忌送伞，因为有"散"之嫌。在法国，忌送香水之类的化妆品给女士，否则有图谋不轨之嫌等。我们可以把这些禁忌大体归纳为"五不送"：一是不送触犯对方习俗的礼品；二忌过分昂贵和过分廉价的物品；三忌印有广告的物品；四忌药品和补品；五忌使异性产生误会的物品。

（四）注重品位，悉心包装

赠送礼品，如果是在商店买的物品，首先应去除标价，然后应使用专门的包装纸精心包装，扎上彩带。即使礼品本身装在盒子里，也要另加包装，以示对受礼者的尊重。不仅如此，包装本身还可避免礼品过于直露、俗气，给人些许神秘感，提升赠礼的品位与乐趣。所以包装应尽量美观，同时也要注意一些禁忌。如德国人就忌讳用白色、黑色或棕色的包装纸。

（五）鲜花礼品，读懂花语

在古代，中文的"花"与"华"是同一个字，因而有人认为"中华"二字还有"百花之中"的寓意。我们对花的特殊情感，也就逐渐形成了用花来表达情感，赠花寄情的礼仪习俗。无论在我国还是在西方国家，送花都有很多讲究，稍不注意就可能弄巧成拙，所以送花前，我们首先应了解花语和送花的礼仪禁忌。

"花语"即花卉及其色彩、香味的象征和含义。赠花者就是用其象征和含义来含蓄地表达自己的情感。

如与女孩子交往，随着感情的加深，送的玫瑰花的颜色可由浅变深。如果女孩回赠一枝康乃馨或黄色郁金香，则表示拒绝接受爱情或对爱情绝望。生日赠花，对年轻人一般送红石榴花、红月季花、象牙华，表示祝愿对方前程似锦、青春如花；对老人一般送龟背竹、万年青或寿星草，表示祝愿对方健康长寿，永葆青春。祝贺新婚，可送红玫瑰、百合花、并蒂莲、香雪兰、绣球花、红掌等，表示长长久久，永结同心。乔迁之喜，可送文竹、米兰、君子兰、紫薇花或月季花，表示平安和兴旺。开业庆贺，可送牡丹、报喜花、吉祥花、红月季、金达莱、红菖兰、步步登高等，表示预祝事业发达，财源茂盛。

花语并非一花一语，根据国籍、民族不同，对花的理解也会有所差异，这就要求赠花者因人而异，正确地使用花语。

赠花的禁忌也像其他礼物一样，表现在数字、颜色等方面。如：国际惯例送花只能是单数（13除外），日本人不用9枝，日本除皇室成员外不送16瓣的菊花；在欧美，白色的花是礼花，婚、丧都能用，紫色花只能用于丧礼；我国则忌送单一黄色或白色的花束，认为不吉利，给病人送花忌送红白相间的花；等等。

三、访送礼仪

拜访与迎送是人际交往中联络老朋友，结识新朋友最常用的一种社交形式。它对于促进交流、沟通情感、增进友谊、加强协作等都有十分显著的作用。然而要真正达到这些作用，还应掌握基本的访送礼仪，否则就可能弄巧成拙，适得其反。

（一）提前预约，守时践约

在现代社会，尤其在城市里，人们的生活节奏往往比较紧凑，时间的安排比较有规律。想要拜访别人，一定要提前预约。在约定之后，就要准时赴约。按规定时间参加各种活动，不能失约，这是国际交往中最起码的礼貌。但由于国家和地区不同，风俗习惯不同，在守时问题上的认可亦有所差异。

在中国传统文化里，对时间的认识是一种环形时间观念。道家思想认为，万事万物都出于"道"，经过生长变化之后又都复归于"道"。在"道"的展开过程中，先是逝，是远，最后是反，反就是返，即回到本原的道中。阴阳五行说认为，阴和阳的相互推移和相互转化，导致了昼明夜暗交互轮回，春暖、夏暑、秋凉、冬寒周而复始以及六十甲子为一个周期的气运变化。这些以阴阳交替盛衰为根源的循环过程，就形成了自然界的时间结构。在这种观念的影响下，中国人使用时间比较随意，灵活性较强，可以随意支配时间。一定程度上也可以说，中国人不重视预约，有时即使预约，也不严格遵守约定时间[1]。这是中国人在现代社会交往尤其是国际交往中必须注意的方面。

与中国人环形时间观念不同，西方人信奉的是线形时间观念，认为时间是一条有始有终的直线。他们使用时间非常精确，做任何事都严格按照日程安排，时刻保持着一种留一些时间的"紧缺"感。因此，西方人在社交活动中提前预约和守时被视作必要的礼貌行为。

在预约之后，如果实在不能践约，一定要用电话或者信函提前通知对方，同时要恳切地说明自己不能赴约的原因，真诚地向对方道歉，并尽可能地另外安排时间以弥补可能对对方造成的感情伤害。

（二）衣帽整洁，登门有礼

拜访做客选择合体适宜的衣着，是尊重主人的基本表现。进门后，摘下帽子、手套、墨镜、围巾等，亦是做客的基本礼节。无论是到主人家中还是到其办公室拜访，都应遵

---

[1] 李少伟：《从文化层面探究中西商务礼仪的差异》，《商场现代化》2007年6月，第202页。

循"客听主安排"的原则，不可以反客为主，自作主张。进门后，及时恰当地赞扬主人居室的装修、陈设等，亦是做客之道。

（三）热情迎候，待客以礼

客无亲疏，来者当敬。作为主人，最起码应在门口迎候客人的到来。对于远道而来的客人，甚至有必要专程到车站、码头或机场迎候。如未及时迎接客人，见面时可用"失迎"或"有失远迎"等语言以示歉意。客人进门后，应请客人先入座，然后献茶待客。与客谈话，态度要诚恳热情，不要频频看时间，更不要显露厌倦之色。

（四）举止文雅，适时告辞

当拜访目的基本达成时，访客应及时告辞，不要占用主人太多时间。一般控制在30分钟至1小时较为恰当。即使造访的目的没有达到，如果出现下列情况之一，都应尽快告辞。第一，双方话不投机时。这时为了避免冷场尴尬或争执等不愉快场景出现，提出告辞是最佳选择。第二，主人开始频繁看时间时。这说明主人另有安排，或者对这次交往已没有兴趣了。识时务者都会马上告辞。第三，主人的双手支于椅子或沙发的扶手上时。这表明主人时刻准备着起身送客，也是我们该告辞的时候了。

（五）考虑周全，礼貌送客

人际交往中，不仅要热情迎宾，而且要注意礼貌送客，给客人留下一个完整的好印象。当客人要走时，婉言相留并非多余，而是情谊流连的显示。切忌在客人之先"起身"，这有厌客之嫌。送客应让客人走在前面，一般应送到门外或楼下，方可止步目送。同时挥手告别，并道："欢迎再来！"如果送客人到车站、码头或机场，应送客人上车、上船或通过机场安检处之后再返回。

四、聚会礼仪

在一些正式的社交场合中，交往的双方为了表示欢迎、答谢、祝贺、结交朋友、增加接触机会、讨论共同感兴趣的问题或解决工作问题等，常会选择一种较轻松的聚会，以增进彼此的友谊和融洽交往气氛。

（一）社交沙龙礼仪

"沙龙"是法文Salon的音译，即"会客室""客厅"之意。沙龙这种社交聚会本是17世纪西欧贵族、资产阶级为谈论文学、艺术或政治问题而采取的一种活动形式，因为它常在某些私人客厅里进行，因此这种室内聚会就被称作社交沙龙。现在，这种交际形式已迅速进入国人们的社交生活。

社交沙龙是一种比较自由而简便的活动，其目的是为大家提供一个相互认识、相互交流的机会。如果参加者中有互不相识的，主人应做好介绍工作。沙龙一般无具体活动程序，多数时候是大家自由交流，来去亦没有严格的时间限制，客人的去留相对自由。

社交沙龙虽然形式自由，但一般每次都会有一定的主题，常见的沙龙主题如下。

社交性沙龙——由比较熟识的朋友、同事结成的定期或不定期的社交集会沙龙。

学术性沙龙——由职业、志趣相同或相近的人组成,以探讨某一学术或理论问题为主要目的的沙龙。

联谊性沙龙——以接待来访者,谋求增进了解和友谊为目的的沙龙,也叫应酬性沙龙。

文艺性沙龙——以联络感情和相聚娱乐为目的的沙龙。

综合性沙龙——参加人数较多,兼有上述多种目的的沙龙。

沙龙作为一种重要而健康的社交活动,要求每位参加者都注重其礼仪规范。首先,要注重仪容、仪表大方得体,精神饱满;其次,行为举止应表现稳重、乐观、开朗,谈吐文雅有深度,又不失幽默风趣;最后,要做到是非分明,乐于助人,宽容大度,待人诚恳,切忌虚伪。只有这样,才能在聚会中给他人留下良好印象,结识更多真正的朋友,得到别人的尊重,最终取得社交的成功。

(二)舞会礼仪

舞会,也叫交际舞会。是以进行跳交际舞的活动为核心内容的一种社交集会。它既可以愉悦身心、陶冶情操、健美体魄,又可以广结人缘、沟通信息、建立友谊,所以它是现代人比较喜欢的一种社交活动形式。

1. 舞会的组织

第一,舞会的组织者应根据舞会的目的来确定舞会的时间、地点及参加人员名单等事宜。因舞会所需要的时间较长(一般为2~4小时),所以周末和节假日的晚上是较佳的时间段。舞会场所大小的选择由舞会的规模决定,即根据参加者人数的多少选择适合的场地。场地选择不能太小,太小显得拥挤，不便于客人跳舞；亦不需要太大，太大显得空旷，影响舞会的气氛。大体人均1平方米即可。场地可以是室内，也可以是室外，只要宽敞、平滑、安全即可。邀请与舞会主题有关的客人时应注意，对已婚者应邀请夫妇俩同时出席，对未婚者也应同时邀请其男友或女友。

第二，要做好舞会场地的布置。组织者应对舞场及其四周的环境进行装饰与美化。如挂上彩带、彩灯、花环等，使其气氛热烈、欢快、喜庆。舞会的灯光要柔和，不能太亮或太暗。舞场近旁应安排足够的桌椅供客人休息时使用。同时准备一些咖啡、红茶、饮料和点心供客人享用。大型舞会还应安排一些招待人员，接待来宾。

第三，要选择好舞会的音乐。舞曲是舞会的灵魂，舞会组织者应根据舞会礼节的要求，选择各种风格、各种节奏的舞曲，并印出曲目单发给每位参加者。曲目单既是邀请舞伴的一个"计划表"，也起着暗示人们遵守时间，不得延长舞会的作用。正规的舞会曲目应由专门乐队现场演奏，一般舞会用音响设备或放唱机放送也可以，不管是哪种形式，最好都提前排练或预播一遍。

2. 参加舞会的礼仪

第一，着装礼仪

参加舞会者如果在接到邀请时被通知有着装要求，就一定要按要求着装出席。即使没有着装要求，也应在赴会前整理好自己的仪表，男士可穿西服套装或晚礼服；女士一般要求穿裙装，而且通常是以亮色调为主的美观醒目的裙装。除非是迪斯科舞会，一般严禁穿休闲装，不修边幅地参加任何正式舞会。否则会被认为是对东道主的不敬与侮辱。

第二，举止礼仪

参加舞会一定要精神饱满，切忌面带倦容，以免影响整个舞会的气氛和自身形象。如果身体不适，应谢绝参加。舞会中，参加者要时刻注意自己的言谈举止，态度和蔼，谈吐文雅。跳舞时不吸烟，不嚼口香糖，不戴口罩。为避免有口腔异味，舞会前应禁食鱼、虾、葱、蒜等可能在口中留下异味的食物。跳舞时还应注意自己的舞姿，身体应始终保持平、正、直、稳，舞姿端庄大方，无论是前进还是后退，都要掌握好重心，身体不要摇晃。

第三，邀舞的礼仪

首先，按舞会惯例，舞会的开始曲一般是专供主人夫妇和主宾夫妇共舞的。第二支舞曲则是男主人与女主宾、女主人与男主宾跳舞，其他男宾与自己的妻子或女伴共舞。

其次，在舞会中，男士应尽量与女主人及其他女宾跳舞，尤其应照顾那些没有男伴的女宾。而且应注意不要始终与同一位舞伴跳舞，这是很没风度的行为，应尽量多地与不同的女宾跳舞，即尽量尊重照顾每一位女宾。

再次，舞会中，禁忌邀请同性跳舞。女士与女士共舞，等于承认自己缺乏魅力，没有男士邀请；男士与男士共舞则有同性恋之嫌。

最后，一曲结束，男士应向女方表示感谢，并且跟在女宾后面将其送回她坐的地方再离开。

第四，接受邀舞的礼仪

参加舞会，接受和拒绝邀请是同时存在的，所以，邀请者与被邀请者都应彬彬有礼、落落大方。拒绝者应口气委婉，讲明理由，遭拒者亦应表现出大度与宽容。

按惯例，舞会中一般是男士邀请女士跳舞，女士可接受也可以拒绝。当然，女士也可以邀请男士跳舞，男士则不可以拒绝，即必须接受。

虽说女士有拒绝的权利，但在舞会中一般不提倡拒绝他人，除非有不得已的原因。如的确很累了或者不会跳这支舞等。如果已经婉言谢绝了一次邀请，在该曲舞没有结束前，则不可以再接受其他男士的邀请，否则会被认为是对前者的侮辱与蔑视，是很失礼的行为。

被拒绝过的男士再次来邀请，女士则不可以再拒绝了，应愉快地接受邀请。

跳舞中，一曲未了，任何一方不得中途停舞或中途更换舞伴。如遇特殊情况不得不中途停止，应向对方说明原因并致歉。

五、宴请礼仪

宴会是以餐饮聚会为表现形式的一种高品位的社交活动方式。它是人际交往乃至国际交往中常见的交际活动形式之一。在我国，宴会旧称筵席，最早可追溯到殷周时代。当时的筵席是用芦苇编成席子铺于堂中，再用较精致的席子铺在筵上。《周礼》中记载设筵之法曰："先设者曰筵，后加者曰席。"即食品放在筵上，客人围席而坐，饮酒吃饭，就是筵席。随着生产力水平的提高，宴会发展至今，已经形成了一套完善的宴请礼仪。

（一）宴会类别

宴会从不同角度考察，有不同的种类，其分类主要如下。

按宴会菜式和服务方式分类

中餐宴会——提供中餐食品和中式服务，宴会厅堂设计布置、菜点和服务方式具有中国民族文化特点。

西餐宴会——提供西餐食品和西洋式服务，又有法式、美式、英式、俄式等之分，其突出特点是餐具和菜点相匹配，菜点和酒类相协调。

其他国家宴会——其宴会厅设计布置、所用菜点及服务方式都和其所在国家的民族文化特点相适应，如日餐宴会、韩国式宴会、印度式宴会等。

按宴会性质和目的分类

国宴——是国家元首或政府首脑为国家庆典或为招待应邀来访的外国元首或政府首脑及其他贵宾而举行的正式宴请，是宴会中规格最高的。举行国宴的宴会厅内悬挂国旗，乐队演奏国歌及席间乐，宴会上宾主双方致辞、祝酒。

正式宴会——是为招待海内外来宾及国内各种庆祝活动而举行的宴会，是地方政府常用的宴请形式。不悬挂国旗和演奏国歌，有时安排乐队奏席间乐，仍十分讲究排场。宾主双方均按身份排位就座，对餐具、酒水、菜肴道数及上菜程序、服务员装束、仪表、服务方式均有一定规定和要求。

便宴——是一种非正式宴会，常见的有午宴、晚宴，有时亦有早宴。这类宴会形式简便，可不排座位，不做正式讲话，菜肴数量可丰可简。有时也可以自助餐形式进行；其气氛亲切随和，便于人际交往和友好往来。非官方宴请多用这种方式。

按菜食酒类和用餐方式分类

传统宴会——以热菜为主，辅以冷荤、面点和酒水，服务到桌。包括中餐宴会、西餐宴会等。

冷餐会——又叫"瑞典席"，以提供冷菜小吃为主，源于西餐，有设座位冷餐会和不设座位冷餐会两种。前者服务到桌，后者活动自由，多适用于大中型企事业单位简单宴请，社交性较强。

鸡尾酒会——以鸡尾酒服务为主，伴以小吃，有设座位和不设座位两种，餐厅需特殊布置。饮酒交谈，社交活动性强。

自助餐会——以提供凉菜、热菜、甜点、食品为主。菜食摆在菜台上，客人自取。亦有设座位和不设座位的自助餐宴会两种。

◎ **小资料：西餐刀叉使用的礼规**

◆进餐时，餐盘在中间，刀子放置在盘子的右边，叉子放在左边。刀叉是从外侧向里侧按顺序，一刀一叉成双成对使用。刀叉不同规格，用途不同。吃肉时，不管是否要用刀切，都要使用大号的刀。吃沙拉、甜食或一些开胃小菜时，要用中号刀。叉或勺一般随刀的大小而变。

◆在桌子上摆放刀叉，一般最多不能超过三副。三道菜以上的套餐，必须在摆放的刀叉用完后随上菜再放置新的刀叉。

◆使用叉需注意：不能用叉子扎着食物进口，而应把食物铲起入口。美国人食用肉类有时先用刀把肉切成块状，然后用叉子送进口中；而欧洲人一般是边切边吃，而且是铲起来送入口中。如食用某道菜不需要用刀，也可用右手握叉，例如意大利人在吃面条时，只使用一把叉，不需要其他餐具。没有大块的肉要切的话，例如素食盘，只是不用切的蔬菜和副食，那么，按理也可用右手握叉来进餐。

◆"刀叉语言。""我尚未用完餐"：盘子没空，如你还想继续用餐，把刀叉分开放，大约呈三角形，那么服务员就不会把你的盘收走。"请再给我添加饭菜"：盘子已空，但你还想用餐，把刀叉分开放，大约呈八字形，那么服务员会再给你添加饭菜。注意：只有在准许添加饭菜的宴会上或在食用有可能添加的那道菜时才适用。如果每道菜只有一盘的话，你没有必要把餐具放成这个样子。"我已用好餐"：盘子已空，你也不再想用餐时，把刀叉平行斜着放好，那么服务员会在适当时候把你的盘子收走。

（二）宴会的桌次排列礼仪

较正式的宴请，桌次的安排必须遵守约定俗成的礼宾次序。中西餐因使用的餐桌不同，其桌次的排列亦有所区别。

1. 中餐桌次安排

中式宴请，按惯例首先摆设主桌的位置，一般主桌应摆在最显眼的地方。其次，再排列其他桌次，各桌次的高低是以离主桌的远近和左右来定的。其基本原则是："右高左低，近高远低。"常见的桌次排列方法如图5-1所示。

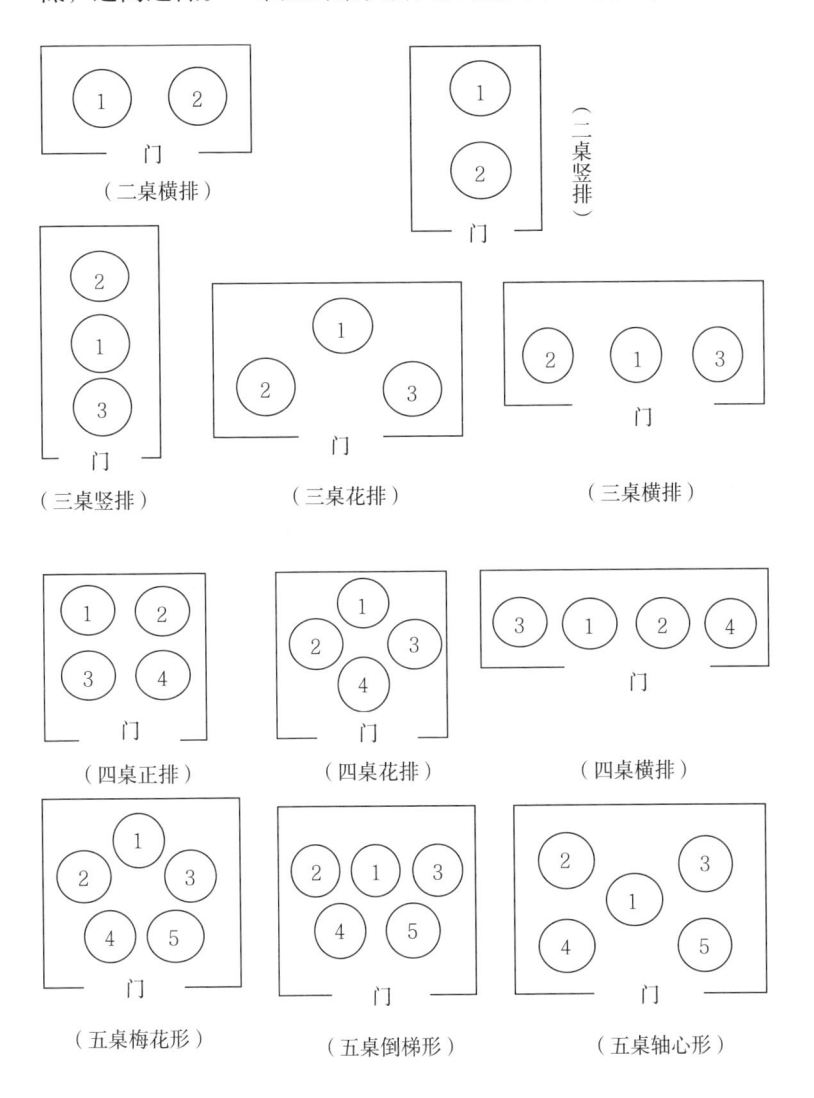

（二桌横排）

（二桌竖排）

（三桌竖排）

（三桌花排）

（三桌横排）

（四桌正排）

（四桌花排）

（四桌横排）

（五桌梅花形）

（五桌倒梯形）

（五桌轴心形）

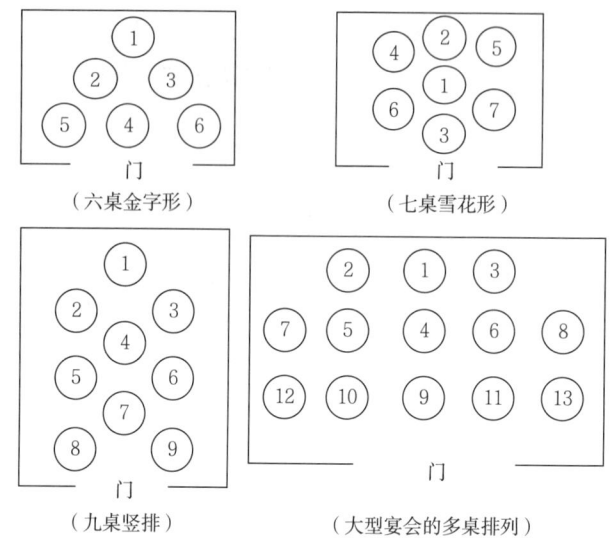

图5-1 中式宴会桌次排列

2.西餐桌次安排

西餐通常采用长条桌，没有主桌与次桌之分，桌子的摆放根据参加宴请人数的多少和场地的大小及形状而定。常见的桌形如图5-2所示。

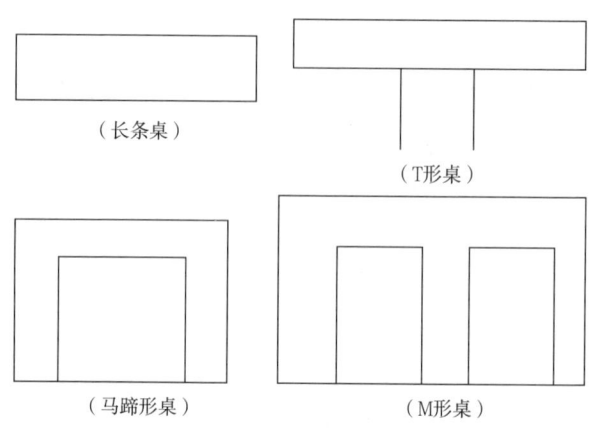

图5-2 常见西餐桌形

◎ **小资料：中餐餐具使用的礼规**

◆被称为食碟的盘子，是用来暂放从公用的菜盘里取来享用的菜肴的。用食碟时，一次不要取放过多的菜肴，不要把多种菜肴堆放在一起。不吃的残渣、骨、刺取放在食碟前端，放的时候不能直接从嘴里吐在食碟上，要用筷子夹放到碟子旁边。如果食碟放满了，可以让服务员换。

◆筷子是中餐最主要的餐具。用餐的时候要注意：筷子必须成双使用；不要舔筷子；交谈时要放下筷子；不要把筷子竖插放在食物上，因为这种插法，只在祭奠死者的时候才用。要严格筷子的职能。筷子只是用来夹取食物的。用来剔牙、挠痒或是用来夹取食物之外的东西都是失礼的。

◆中餐用餐前，比较讲究的话，会为每位用餐者上一块湿毛巾。它只能用来擦手。擦手后，应该放回盘子里，由服务员拿走。有时候，在正式宴会结束前，会再上一块湿毛巾。和前者不同的是，它只能用来擦嘴，却不能擦脸、抹汗。

（三）宴会的位次排列礼仪

不同形式的宴请，位次的排列也各不相同，但其排列的依据，大多是遵循国际惯例和本国的礼宾序列。首先，应将主宾夫妇与主人夫妇置于最为尊贵的位置。其他宾客的位次尊卑，主要取决于其距离主宾夫妇与主人夫妇位置的远近，近则为尊，远则为卑。其次，位次的安排还讲究面门为上，右高左低。最后，如果夫人不出席，中餐宴请中，主宾应坐在主人的右上方，西餐宴请中，主宾则坐在主人的正对面；

如果女主人和女主宾都出席，则主宾坐在女主人右上方，女主宾坐在男主人右上方。具体排列如图5-3所示。

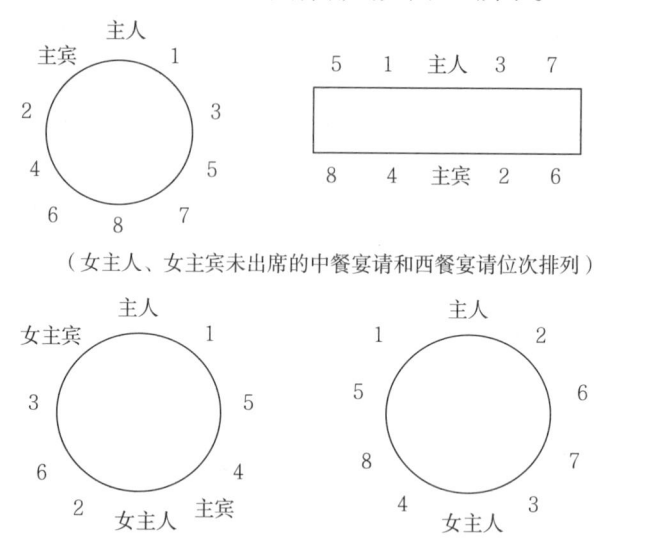

（女主人、女主宾未出席的中餐宴请和西餐宴请位次排列）

（常见的中餐圆桌位次排列）

图5-3 常见的西餐条桌位次排列

（四）宴请的礼仪

1. 主持宴请的礼仪

首先，要确定好宴请的时间、地点及菜单。根据国际惯例，晚宴被视为规格最高的宴会。但在确定具体时间时，最聪明的做法是事先与来宾商量一下。至于地点的选择，主要考虑的应是环境是否优雅，卫生条件是否良好，设施设备是否齐全。组织宴会，菜单的选择至关重要。选择原则是"主随客便",即以主宾的禁忌和嗜好为定菜准则。

其次,要确定好宴请的桌次和位次。事先排好的桌次和位次应提前告知每一位赴宴者,并在宴会入口悬挂席次图,以确保每位客人能迅速找到自己的席次,保障宴会场所井然有序。

最后,做好宴会中的各项工作。宴会中不仅要有足够的服务人员为客人服务,而且宴请方还应随时注意调节宴会气氛,选择合适的话题,避免宴会冷场。

2.参加宴请的礼仪

第一,赴宴前应根据宴请的规格,选择合适的服饰。请柬上有着装要求的,一定要按要求着装,否则就被视为失礼。

第二,要牢记宴请的时间、地点,确保准时出席。通常提前5分钟左右到达宴会地点较为合适。

第三,进餐中,要注意礼节与小节。进餐要文雅,每次取食应是自己一口的量,不可一次取太多。主人讲话时,应停止进食、取食。席间应注意与其他客人交谈,不可以"埋头苦干"不理人。席间喝酒一定要适量,醉酒失态对谁都不利。

第四,退席礼节。当(女)主人或主宾把餐巾放在餐桌上时,则表明宴会结束,所有宾客都应停止取食,准备退席。参加宴请,尽量不要提前退席,如果确有要事必须先走,可向主人悄悄告辞,并且道谢,不必惊动太多客人,以免影响宴会气氛。退席时客人应向主人表示感谢,并称赞菜肴精美丰盛。也可以在宴会后的两至三天内,去电去信向主人表示感谢。

◎ **小资料：用餐文明礼貌**

◆客人入席后，不要立即动手取食。应待主人举杯示意开始时，客人才能开始。

◆夹菜要文明，应等菜肴转到自己面前时再动筷子，一次夹菜也不宜过多。

◆慎为对方夹菜。对外宾，可向对方介绍中国菜的特点，不要反复劝菜。

◆要细嚼慢咽，决不能大块往嘴里塞，狼吞虎咽，这样会给人留下贪婪的印象。

◆不要挑食，不要只盯住自己喜欢的菜吃，或者急忙把喜欢的菜堆在自己的盘子里。用餐的动作要文雅，夹菜时不要碰到邻座不要把汤泼翻。

◆客人入席后，不要立即动手取食。应待主人举杯示意开始时，客人才能开始。

第六讲 社区公务礼仪

公务礼仪即公务人员在日常公务活动中逐渐形成并得以公认、必须遵循的礼仪规范。公务礼仪是一项实用性很强的礼仪。

在公务活动中，除了讲究一般的礼仪规范外，还要特别注重办公礼仪、会议礼仪、接待礼仪、公文礼仪等。即使是与商务活动相同的礼仪，也因为公务活动主体权威性、内容规范性、后果重要性等因素而具备特殊之处。公务礼仪在公务活动中起着沟通、融洽关系、消除摩擦等重要作用。社区公务活动需要公务礼仪。

一、办公礼仪

（一）职级礼规

1. 工商企业界职级礼规

在工商企业界，地位与礼仪有着密切的关系，公司中的每个人都要对其上级负责，其职级地位大致如图6-1所示。

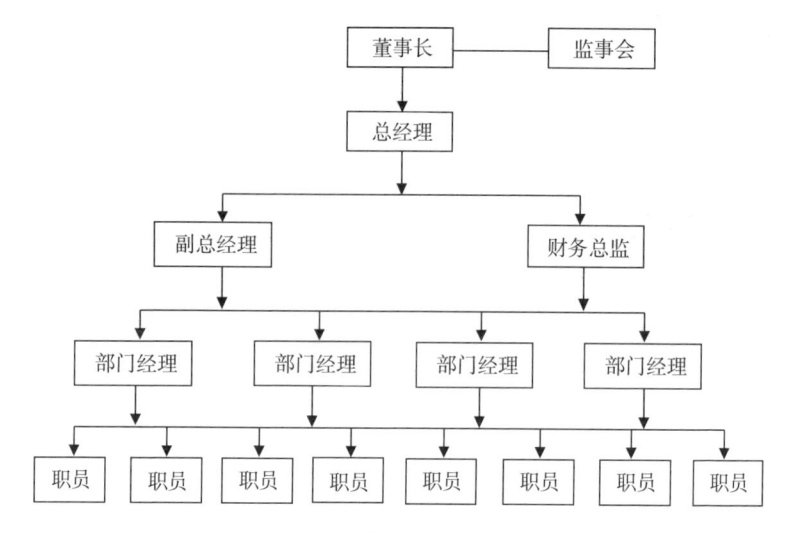

```
                    ┌──────┐      ┌──────┐
                    │董事长│──────│监事会│
                    └──────┘      └──────┘
                        │
                    ┌──────┐
                    │总经理│
                    └──────┘
                   ┌────┴────┐
              ┌──────┐   ┌──────┐
              │副总经理│   │财务总监│
              └──────┘   └──────┘
```

图6-1

办公室的位置反映了职员在企业中的地位。在美国和德国的企业中，最高层的办公室都是由最高级官员使用的。在美国，位于上层楼角上的房间一般都是高级官员使用，而有单独的办公室的官员要比只有一张办公桌的官员显示出更高的地位。在法国，高级官员的房间都位于中间的楼层，他们直接下属的房间则在他们上下左右的周围，以方便随时向他们请示汇报，也方便他们向部属下达指示。即使在一个办公室里，也有中心位置。一个新来的职员，他的办公桌总是放在离中心位置最远的地方。在中国企业中，办公室的布局讲究遵循风水原理。一个标准的合乎规范的办公室，接待处应设在近门的地方，会客室或会客区单独设置在接待处旁边或大门旁边。办公室中央区域为业务处理区，彼此间可用1米左右高度的屏风分隔，所有座位的朝向应统一朝向大门，或分成若干排，双向而坐。办公区域采用直线式条块组合，便于控制和监督。上司应有专门的办公室，以便其可以集中精力处理重要问题。秘书的位置则在上司办公室门外一侧，起守护挡驾作用。财务室位置应在上司办公室旁边，财务室的保险柜和上司办公室的座位一墙之隔，上司背靠保险柜坐，这是一种好兆头。另外，上司应朝南坐，喻义大权在握，稳坐江山。

对上级，不要在有来访者或顾客在场的情况下提出反对意见，应该私下提出。批评他人，即使是下级，也只能在私下进行，不能在其他职员在场的情况下进行，更不要在客人面前进行。

总之，弄清楚一个人在公司的地位是很重要的，只有这样才能知道应给予他什么样的礼遇。

2. 政府机关职级礼规

根据2006年1月1日施行的《中华人民共和国公务员法》，公务员领导职务分为：国家级正职、国家级副职、省部级正职、省部级副职、厅局级正职、厅局级副职、县处级正职、县处级副职、乡科级正职、乡科级副职。非领导职务分为：巡视员、副巡视员、调研员、副调研员、主任科员、副主任科员、科员、办事员。

上级对下级

领导需要尊重，其实下级更需要尊重，上级尊重下级，他们才会尽职尽力搞好工作。与下级进行交往时，领导切不可居高临下，虚张声势。要注意以下三个方面的问题。一是要善于"礼贤下士"，尊重下级的人格；二是要善于体谅下级，重视双方的沟通；三是要善于关心下级，支持下级的工作。具体表现如下。

第一，尊重下属的人格。下属具有独立的人格，领导者不能因为在工作中与其具有领导与服从的关系而损害下属的人格，这是领导最基本的修养和对下属的最基本的礼仪。

第二，善于听取下属的意见和建议。领导者应当采取公开的、私下的、集体的、个别的等多种方式听取下属的意见，了解下属的愿望，这样既可提高领导的威信，又可防止干群关系的紧张。

第三，宽待下属。领导应心胸开阔，对下属的失礼、失误应用宽容的胸怀对待，尽力帮助下属改正错误，而不是一味打击、处罚，更不能记恨在心，挟私报复。

第四，培养人格魅力。作为领导，除权力外，还应有自己的人格魅力。如良好的形象、丰富的知识、优秀的口才、平易近人的作风等，这些都是与领导的权力没有必然联系的自然影响力。

第五，尊崇有才干的下属。领导不可能在各方面都表现得出类拔萃，而下属在某些方面也必然会有某些过人之处。作为领导，对下属的长处应及时地给以肯定和赞扬。如：接待客人时，将本单位的业务骨干介绍给客人；在一些集体活动中，有意地突出一下某位有才能的下属的地位；节日期间到为单位做出重大贡献的下属家里走访慰问；等等，都是尊重下属的表现。这样做，可以进一步激发下属的工作积极性，更好地发挥他们的才干。相反，如果领导嫉贤妒能，压制人才，就会造成领导和下属的关系紧张，不利于工作的顺利开展。

下级对上级

基层公务员在实际工作中,不能不处理好自己与上级的关系。要做好这一点,基本要诀有三:一是要服从上级的领导,恪守本分;二是要维护上级的威信,体谅上级;三是要对上级切实尊重,支持上级。具体表现如下。

第一,当领导找你时,应主动站起来,等领导入座后,自己再坐下。当领导离去时,要主动开门或目送领导,并说"再见"。

第二,有事到领导办公室,应先敲门,征得允许后再进入。在领导办公室内不要乱翻东西。

第三,向领导提出建议时,要注意态度和语气。有不同意见时,可婉转地向领导表示自己的意见和看法,必要时保留自己的意见,但对领导的决定要坚决服从。

第四,平时要维护领导的威信,做好领导与群众之间的调解工作。要把尊重领导与出于私心的奉迎讨好区别开来。

当两个地位相等的人有必要在甲方或乙方办公室召开一个会议时,对发起会议的人来说,应当到对方的办公室去举行,不能把一个地位与自己相等的人召到自己的办公室开会,因为这是很不礼貌的。当然,如果正在接待一位客人,需要一名地位相同的人员来会见这位客人,可以把他请到办公室,并且在那位同事走进房间时,应该站起来,为他人介绍、让座,然后重新坐下,以此来向客人清楚表明你和你的同事至少是同等的地位。如果要到一个地位相同的同事的办公室去,应当事先通知对方,征求同意,比如先挂个电话询问一下对方是否方便,或在门口问一下他是否有空,这样才是有礼貌的行为。

（二）公务形象

办公室是单位处理日常事务、进行公务商务洽谈、协商、交接的场所。公务人员的许多公务活动都是在办公室完成的。因此，要创造一个优美、和谐、融洽的工作环境，使工作更加有效，公务人员"坐"办公室或出入办公室都应掌握一定的技巧，遵循一定的礼节规范。

1. 服饰穿戴得体大方

服饰，是人际交往中的主要视觉对象。现实生活中，每个社会成员实际上都在有意无意地通过自己的服饰传播着一定的信息，如反映社会风尚、民族传统习俗、内在情感、审美素养以及一定社会的经济生活和科学技术发展水平。因此，作为一种非语言符号，服饰有异常显著的演示功能。虽然现代人们的穿着越来越随便和多样化，但服饰穿着的TPO原则要求人们在穿着上必须与时间、地点、环境和角色身份协调统一。否则，就会被看作是没有礼仪修养的人。在办公室内，服饰要整洁、大方、合身、文雅，不能太艳、太奇、太随便，尤其不宜穿过分暴露的服装，还应避免穿经常需要整理的衣服，因为假如你需要反复地整理腰带或其他服饰，不仅自己工作时不能集中精力，也会使别人感到别扭。女士穿下摆窄或至膝盖以上的短裙时，切勿在人前把脚架起来。女士在办公室不宜穿长靴、戴手套和帽子等，也不宜佩戴其他装饰品。也就是说，在办公室与外出处理公务一样，服饰也应该符合一般的职业正装要求。

公务人员进入办公室后，应脱去大衣、风衣和帽子，但西装上衣、夹克不能随便脱掉。办公室内若没有衣帽间（架），可自行存放衣物。当进入他人办公室时，不能乱放自己的衣物，只有当主人允许自己这样做时，才可以将外衣脱下并整整齐齐地摆放好。

2. 举止严肃端庄

第一，准时上下班。

所谓上班时间，并不是来到单位的时间，而是开始工作的时间。从进门到坐在自己的座位上，至少需要几分钟时间，所以，公务人员应在开始工作前10分钟到达单位。如果是新来的公务人员，还要再提前一些，负责做好打扫卫生及沏茶等工作。上班是否准时，反映你对工作是否敬业。

到了下班的时间，如果没有尚未完成的工作，就可以向周围的同事打声招呼："我先走了！"然后再离去。做完工作后不要总是和别人说话，以免影响别人工作。干完工作后要进行收拾、整理，然后再下班。

公务人员由于生病或家里有事不得已而迟到、早退或缺勤时，要尽量早些向上级请假，得到批准后才可以晚到或缺勤。只要不是大病，就不要经常请假。

第二，保持环境卫生。

办公室一定要干净，公务人员在工作之前，首先看看自己的办公环境：看看自己的桌子上是否材料堆积如山，自己的私人物品是不是放得满满的，办公室环境应当始终是干干净净的，这是办公室起码的要求，也是提高工作效率的一个重要方面。

办公桌是自己在单位办公的地方，也是最容易弄脏的地方。公务人员应当把桌上放得乱七八糟的书籍或会议文件，根据内容或日期装订起来放到抽屉内或书架上。桌上只放文具及记事本等，摆在桌上的东西要少，要使桌上的空间尽量大一些。

如果公务人员仅仅限于把自己办公室的周围打扫得干干净净，但是掉在走廊的东西装着看不见，与自己没有直接关系的事漫不经心，这就非常不好。厕所、厨房和吸烟室等大家共用的地方，使用后要注意打扫干净，自己落下的烟头要捡起来，溅出来的水要擦拭干净，特别是厕所是最能体现一个单位的文明水准，便后冲洗，是最底线的要求。

第三，行为多加检点。

尽量不要在办公室里吸烟，更不要当众表演化妆术。如很想吸烟或需要化妆，则应去专用的吸烟室或化妆间。若附近没有这类场所，则只好借助于洗手间。

看书报、吃零食、打瞌睡会引起上司的不满。私人电话接起来没完没了会招致同事们的白眼，而坐在办公桌上办公或将腿整个翘上去，样子会很难看。

要避免口衔香烟四处游荡，不要与同事谈论薪水、升降或他人隐私。遇到麻烦事，要首先报告给顶头上司，切莫逾过或越级上告。

取送文件要注意将文件装在文件袋内；在送达收件人时，应直接交到收件人手里；文件带出后，装在皮包里最为妥当；把文件等物交给他人时，要正面朝着对方，以示礼貌，自己接件时，也应正面双手相接。

尽责地做好分内的事情，办公时间不接听私人电话，不随便跑出去买东西。

第四，男女平等互敬。

在工作中要讲男女平等，社交中女士优先的原则不能作为办公礼仪的原则。对在一起工作的女同事要尊重，不能同她们拉拉扯扯、打打闹闹。

3.语言文雅有度

"您好""早安""再会"之类的问候语要经常使用。前辈或上级工作繁忙时，问一声："需要帮忙吗？"自己有急事需要先走应说一声："今天有急事去办，我先走了！"以示礼貌。

同事之间不能称兄道弟或乱叫外号，而应以姓名相称。对上司和前辈一定要用尊称，不乱叫同事的"绰号"。与人相处要友善，说话态度要和气。说话时，不能用手指着对方，这样会让人有受到侮辱的感觉。虽然有时候，大家的意见不能够统一，但是有意见可以保留，对于那些原则性并不很强的问题，就没有必要去争得你死我活。如果一味好辩逞强，会让同事们敬而远之，久而久之，你不知不觉就成了不受欢迎的人。

接待来访者要心平气和，面带笑容。绝不能粗声大气，或者以拳头砸桌子来加重语气。决不可以三言两语把客人打发掉或把其晾在一边。

办公室的语言礼仪，最为突出的一点就是要对他人，包括你的同事、上级、下级表现出你对他们的尊重，要尊重他人的隐私和习惯：分清哪里是公共的区域，哪里是个人的空间。

4.妆容清新淡雅

办公室,不仅仅是工作的地方,也是女人展示自己的美丽和知性的场所。利落的短发,端庄的盘发加上冷色调的套裙,干练中透露出女人的温柔。眉型不要怪异,唇色不要太鲜艳。上班不是舞会,不要弄得色彩缤纷,过于夸张。办公室里,化淡妆是永远不会错的。还可以佩戴一些小饰品,如项链、戒指等,精巧独特但要把握住分寸,不要让人感到你"披金戴银""俗不可耐",炫耀财富,势必引起同事的反感。

(三)人际关系

办公室的工作人员一般并不是很多,却在单位发挥着极大的作用,所以,办公室内部人员之间遵循人际礼仪准则,形成团结、协作、正常、健康的关系,显得十分重要。

1.对同事要真诚

同事之间,"同在一个屋檐下"工作,"低头不见抬头见",人际关系要正常、和谐。

要互相信任,形成减少误会的"保险阀"。

要乐于助人,形成融洽关系"亲近阀"。

要互相体谅,形成同事关系的"润滑剂"。

要友善相待,形成同事关系的"温馨卡"。

在同事之间,心胸狭窄、打击报复、开恶意的玩笑、捉弄他人或背后议论别人长短,都是十分失礼的。绝不能因对同事的幸运或成就产生嫉妒和愤愤不平,而借机泄私愤,或寻衅滋事,或造谣中伤。采取低劣手段伤害同事的人最后往往会自食其果,既害人也害己。对小道消息最好的办法就是不听、不信、不传。要相信同事相处,天长日久,事实总会真相大白。

2. 保持公务距离

"办公"就是在他人的眼底下做事,为了让彼此有一个放心的空间,同事间需要一种不干扰别人,尊重他人的"距离感"。巧妙地运用"躲避""回避"之术就成了公务礼仪的重要技能。

第一,不窥视同事办公。

看到同事在写东西,或阅读书信时,不论知悉与否,最好"躲避",需要从其身旁走过时,也不要离得太近,更不能用乜斜的目光去"窥视"。同事在办公时,没有重要事情,不要去打扰;也不要随意询问,以免打断人家思路,或造成尴尬的局面。

第二,不翻动同事的东西。

每个人都有属于他自己的一方"天地",如物橱、写字台等。不随便翻动同事的东西,既是一种文明、一种礼貌,也是一种规矩。即使要找东西,最好也让其代找。确实需要找某种东西,而主人又不在,事后也要向其说明情况,并表示歉意。

第三,不干预同事的私事。

每个人都有自己不愿为别人知道的隐私。因此,不能在大庭广众之下大谈别人不愿披露的事情。碰到陌生人找同事谈话,如有可能,最好避开,让别人感到方便。即使无法离开,也不要伸着耳朵去"偷听"。代转同事的信件,只要放到他桌子上或信箱即可,不能过分留意写信人地址,或对着光亮,察看信中的东西,否则会被人误会。对异性之间的话题，不必凑上去"赶热闹"，也不必盘问。

3. 不固执己见

在工作上，由于意见分歧而与同事发生争执是常有的事。但当发生争执时，注意不要变得情绪化，要冷静地听取对方对问题的看法，然后大家都设法退一步，以便找到解决问题的妥协点。如果对方情绪比较激动，一时很难找到妥协点，最好先克制忍耐，保持自己的看法，等以后有机会时再作协商。

二、会议礼仪

会议是指将人们组织起来，在一起研究、讨论有关问题的一种社会活动方式。会议是一项重要的公务活动，要想取得较好的效果，必须要确定实在、必要的会议内容，讲究会议的种种程式，使之符合会议礼仪要求。

（一）主持礼仪

会议主持是一门学问，一门艺术，各种会议的主持人，一般由具有一定职位的人来担任。会议主持人应了解基本的会议主持礼仪，保持自然大方的主持姿态。

1. 走姿

主持人在步入主持位置时，步伐要刚强、有力，表现出胸有成竹、沉稳自信的风度和气概，要视会议内容掌握步伐的频率和幅度。主持庄严隆重的会议，步频要适中，以每秒约2步为宜，步幅要显得从容；主持热烈、欢快类型的会议，步频要快，每秒至少2~2.5步，步幅略大；主持纪念、悼念类会议，步频要放慢，每秒1~2步，步幅要小，以表达缅怀、悲痛之情；平常主持工作会议，可根据会议内容等具体情况决定步频、步幅。一般性会议，步频适中、步幅自然；紧急会议、重要会议，可以适当加快步频。行进中要挺胸抬头，目视前方，振臂自然。重要会议开始前，在步入主持位置的过程中，不要与熟人打招呼。一般性工作会议，如果时间未到，落座后可适当与邻座寒暄，与距离远的人微笑点头示意。行进中步速不能过快，不能跨大步，以免显得紧张、不安。如果特殊情况因故来迟，不要破门而入，跑步到位、大喘粗气。应该以手轻轻推门，进门后快步到位，放下文件袋、落座，先向等候者道歉，并简要说明原因，求得大家谅解，立即主持会议。

2. 坐姿

主持人主持会议多为坐姿。坐立应端正，腰要挺直，颈项伸直，面对前方，虚视全场，双臂前伸，两肘轻按会议桌沿，双手可交握呈对称的"外八字"。不能前倾或后仰，主持中不能出现用手抓头、揉眼、搔脸、挂脸、不住地喝水、抽烟等多余动作，以免显得紧张，不够沉稳。

3. 站姿

在一些集会典礼中，主持人以站立姿势主持。站立主持时，要双腿并拢，腰背挺直，右手持稿底部中间。有风的天气，要双手持稿，与胸等高，与身体呈45度。脱稿主持人应两手五指平伸，自然下垂，身体不能晃动，腰背挺直，目视前方。两腿不能紧张抖动，两手不能随意晃动等。

4. 手势

主持人发言与一般讲话者不同，要尽量少用手势。在一些小型会议进行总结概括时，可以加入适当手势，但是动作不能过大。

5. 语言

所有言谈都要服从会议的内容和气氛的要求，或庄重，或幽默。

口齿清楚，思维敏捷，积极启发、活跃气氛。主持人一定要明确开会的目的。比如，主持记者招待会，主持人、发言人要对记者提出的问题反应敏锐，流利回答，不能支支吾吾。开座谈会、讨论会等，主持人要阐明会议宗旨和要解决的问题，切实把握会议进程和会议主题，勿使讨论或发言离题太远，而应引导大家就问题的焦点畅所欲言；同时，要切实掌握会议的时间，不使会议拖得太长。

会议进行过程中，主持人对持不同观点、认识的人，应允许其做充分解释，会议出现僵局时要善于引导，出现空场、冷场时应及时补白。要处处尊重别人的发言和提问，不能以任何动作、表情或语言来阻止别人，或表示不满。要用平静的语言、缓和的口气、准确的事实来阐述正确主张，使人心服口服。会议上，如果一个与会者眼睛盯着主持会议的人表示期待发言，主持会议者应注意并且做出反应，一般应该让大家轮流发言。

遇到冷场，要善于启发，或选择思想敏锐、外向型的同志率先发言。有时可以提出有趣的话题或事例，活跃一下气氛，以引起与会者的兴趣，使之乐于发言。遇有离题情况，可根据具体情况，接过议论中的某一句话，或插上一句话做转接，巧妙柔和地使议论顺势回到议题上来。当发生争执时，如果因事实不清，可让与会者补充事实，如事实仍不甚清，可暂停该问题的争执。主持者应设法缓和冲突，而不能激化矛盾，更不能直接参加无休止的争吵。

主持者要善于观察与会者的性格、气质、素质和特点，并根据各类人员特点，区别对待，因势利导，牢牢掌握会议进程，要准时开始，按时结束。

会议主持人在会议中应做到以下几点。

（1）应明确介绍所有来宾及参与开会的人士。

（2）如有许多贵宾，无须请贵宾一一致词，请一位代表即可。

（3）如同时有两人以上请示发言，这时若没有其他补充或都尚未发言时，可请距离主持人较远者先发言。

（4）维持会场秩序，并遵守会议规则。

（5）不可在发言人尚未发言完毕时随便插嘴，但有权控制发言人的发言时间。

（6）请人发言时，态度要诚恳，用语应有礼貌。

（7）有人发言时，应看着发言人，仔细聆听。

会议的气氛是否融洽、顺利，与会议主持人角色扮演的好坏有很大的影响。会议主持人是宣布开会、散会、休息及主持会议进行者，主持会议应公平、公正，客观地行使其职权。

（二）发言礼仪

会议发言有正式发言和自由发言两种。前者一般是领导报告，后者一般是讨论发言。

1. 正式发言者，应衣冠整齐，走上主席台应步态自然，刚劲有力，体现一种成竹在胸、自信自强的风度与气质。发言时应口齿清晰、讲究逻辑、简明扼要。如果是书面发言，要时常抬头扫视一下会场，不能低头读稿，旁若无人。发言完毕，应对听众的倾听表示谢意。

2. 自由发言者，发言应讲究顺序和秩序，不能争抢发言；发言应简短，观点应明确；与他人有分歧，应以理服人，态度平和，听从主持人的指挥，不能只顾自己自说自话。

如果有会议参加者对发言人提问，应礼貌作答，对不能回答的问题，应机智而礼貌地说明理由，对提问人的批评和意见应认真听取，即使提问者的批评是错误的，也不应失态。

对会议发言人或报告人来说，其礼仪主要表现在发言要遵守秩序。若话筒距离自己的座位较远，则应以不快不慢的步子走向话筒。不要刚一落座就急着发言。在发言之前，可面带微笑，环顾一下会场四周。如会场里响起掌声，可以适时鼓掌答礼，等掌声静落后再开始发言。发言时应掌握好语速和音量，以使会场中所有的人都能听清为宜。发言或报告一般应使用普通话，不能大量运用方言土语。发言或报告中还应注意观察与会者的反应，以便根据具体情况对内容做相应的调整。比如，会场里交头接耳不断，就要考虑适当转移话题，或将发言、报告内容适当压缩。发言或报告结束时，应向会议全体参加人员表示感谢。

（三）参会礼仪

1. 入场应守时

一般在规定的会议时间之前提早五六分钟进入会场，不要迟到，迟到可以视为是对本次会议不重视或是对会议主持人以及其他与会者的小视与不尊重。确有其他原因迟到的，要向主持人及与会者点头致歉。

2. 听会要认真

第一，会议进行期间，公务人员应认真倾听报告或他人发言。择要做好记录，对深入体会和准确传达会议精神有很大帮助。携带寻呼机和手机进入会场，在会议开始时应予以关闭或调至振动档。开会时，在下面闲聊、看快报、摆弄小玩意儿、抽烟、吃零售、打瞌睡或随意进出会场，都是切忌出现的不文明行为。

第二，在会议进行期间，出席者要发言时，应先举手示意。发言时应对事不对人，勿损及他人的人格及信誉。会上发言时，应口齿清楚，态度平和，手势得体，不可手舞足蹈，忘乎所以或口出不逊。在大型会议上发言，准备要充分，态度要谦虚，发言开始时要向听众欠身致意。发言内容要求做到中心突出，材料翔实，感情真实，语言生动。力戒自我宣传，自我推销，更不能有对听众不尊重的语言动作和表情。发言要严格遵守会议组织者规定的时间。发言结束，要向听众致谢并欠身施礼。如参加小型的座谈会、研讨会，发言要简练，观点要明确，讨论问题，态度要友好，不要随便打断别人的发言。对不同意见，应求同存异，以理服人。不要嘲讽挖苦，人身攻击。别人发言时不要打岔。如有问题可举手，经过会议主持人认可后再发言。

3. 离会要自觉

会议结束后，与会人员要按顺序离开会场，不要拥挤和横冲直撞。

三、接待礼仪

（一）接待规格

公务接待必须能根据来访者的身份确定接待规格。接待规格是从主陪人的角度而言的。接待规格有3种：高规格接待、对等接待、低规格接待。确定接待规格一定要考虑到多方面因素，并不是规格越高越好。经常用高规格接待，会影响领导的工作。

1. 高规格接待

主要陪同人员比主要来宾的职位高的接待。如一公司副总经理接待上级单位派来了解情况的工作人员，或接待一位重要客户，而该客户的职位不过是某公司部门经理。高规格接待表明对被接待一方的重视和友好。

2. 对等接待

主要陪同人员与主要来宾的职位相当的接待。这是最常用的接待规格。

3. 低规格接待

主要陪同人员比主要来宾的职位低的接待。这种接待规格常用于基层单位，比如某上级领导到下属企业视察，其企业的最高领导的职位也不会高于该领导，这就属于低规格接待。

高规格接待固然能表现出重视、友好，但它会占用主陪人的很多时间，经常使用会影响主陪人的正常工作。低规格接待有时由于单位的级别造成的，有时是另有原因，用得不好，会影响与对方的关系。对等接待是最常用的接待方式。

公务接待人员首先要了解客人的身份，据此确定由谁来出面接待最合适。另外，影响到接待规格的还有如下一些因素。

第一，对方与我方的关系。当对方的来访事关重大或我方非常希望发展与对方的关系时，往往以高规格接待。

第二，一些突然的变化会影响到既定的接待规格。如上司生病或临时出差，只得让他人代替，遇到这类情况，必须向客人解释清楚，向客人道歉。

第三，对以前接待过的客人，接待规格最好参照上一次的标准。

第四，接待规格的最终决定权在上司那里。当接待规格定下来以后，工作人员应当把我方主要陪同人员的姓名、身份以及日程安排告知对方，征求对方意见，得到对方认可。

在公务接待中要注意了解来宾的饮食和生活习惯，特别是与宗教相关的饮食忌讳。有时在一个代表团中会有不同宗教信仰的客人，就需要分别满足他们的要求。

（二）接待过程

迎来送往是公务活动中最常见的礼仪，根据接待对象可分为内宾和外宾两种，根据接待人数可分为团体和个人两种，从内容上看，主要接待上级、下级或平行机关及新闻记者、有关公众等。因此，公务迎送过程中一定得分清迎送对象、迎送内容，才能做好这项工作，才能真正符合礼仪。

迎客、待客、送客是接待工作中的基本环节，也是一整套接风送行的礼仪要求。公务人员接待来访的客人，必须遵循礼貌、负责、方便、有效的原则。虽然领导不可能接见所有求见者，但是所有来访者都必须受到公务人员礼仪周全的接待。从客人踏进办公室到客人离开办公室,公务人员都是代表单位的领导接待客人,接待的态度如何,往往会对单位的形象产生重要的影响。

1. 迎客要热情

客人来访有两种情况。一种情况是客人事前预约了来访时间;另一种情况是客人事前未预约时间,突然来访。

当你看见来访者进来时,应马上放下手中的工作,站起来,礼貌地招呼一声:"你好,欢迎。"一般情况下不用主动和来访者握手,如果来访者主动把手伸过来,你要顺其自然,最好能立即确定对方从何处来,叫什么名字。

第一,事前准备。

对于预约的来访者,在来之前,应事先做好迎客的准备,让客人有一个良好的第一印象。

(1)要记住对方的姓名。

(2)要搞好环境卫生,若是公务来访,就要把办公室或会客室收拾干净;将各类物品摆设整齐,打开门窗换换新鲜空气。

(3)要根据来客的特点适当准备一些待客的糖果、香烟、茶叶之类的物品。

(4)要准备好应有的资料,或做好所谈内容的精神准备,做到"胸中有数"。

(5)要事先安排好饭菜,预订好旅馆客房以及返程的车、船、机票等。

(6)估计来访的客人快到达时,应提前5分钟左右到大门口迎接客人,客人到达时,要快步向前与客人握手,以示欢迎，并以诸如"路上辛苦了""旅途劳累""非常欢迎您的来访"等与客人寒暄，让客人感到亲切、温暖、受欢迎、受尊重。将客人热情引入会客室后，立即向上司通报。

第二，热情迎接。

（1）对前来欢迎的人不认识，应向客人一一进行介绍。客人进屋入座后，其他欢迎者若要离开，应礼貌地对客人说："你们谈吧，我有点事，失陪了！""您歇着吧，我待会儿再来看望您"等一类的客气话，然后离开。

（2）遇到事先你并不知道的预约来访者时，当你问客人："事先约好时间了吗？"来访者答："约好两点钟见面。"你才知道这已是约好的客人，这时你一定要赶紧道歉："啊，真对不起，失礼了。"因为站在客人的立场来说，既然是约好时间才来的，却被问有没有约好，内心一定感到不太高兴，而且显示出公司本身信息传达没做好，或是上司忘记交代，所以一定要道歉。

（3）有些来访者事先并未预约面谈时间，而临时来访，作为公务人员，也应热情友好，让客人感觉是受欢迎的。然后询问客人的来意，再依当时的情况，判断适当的应对方法。若遇客人突然来访，不能因为事前未预约而面露不悦，而应满脸笑容迎上去，一边走一边说"稀客、稀客""欢迎、欢迎""见到您真高兴"一类的话。当客人说，"对不起，没有事先通知就来打扰您"等道歉的话时，应马上回答说"没关系，我现在没有其他的安排"或者"没关系，我也正有事要与您商量"等来宽慰对方，使客人放下失礼的"包袱"。如果需要上司接待，要先问清你的上司是否愿意和是否有时间接待。假如上司正在开会或正在会客，并同意见客，你便可以对临时来访者说："抱歉，经理正在开会，您可等一会儿。"如果上司没时间接待，你要记下对方的要求，日后予以答复，不能推诿、拖延或敷衍了事。

（4）来访者没有预先约定会谈时间，却突然来访，你向上司汇报，上司说不能会见，并请你找借口打发来访者，这时你的应对方式可以有两种情形。

一种是请示上司可否派人代理接见来客，如果上司同意派人代理，你可以告诉来访者："不巧，经理正在会客（或开会），我请××来与你谈，好吗？"

另一种是以既热情又坚定的态度回答上司确实无法接待的来客，帮助上司挡驾。公务人员还要学会在上司受到来访者纠缠不休时代为解围。

（5）已确定好的来访团组，则通常应根据上司的意图拟定接待工作方案，它包括来访客人的基本状况（单位名称、来客人数、日期、来访目的、要求）；接待的详细安排（接待日程、各类接待人员名单、主要活动、日常迎送往来事务性工作），经领导批准后，分头布置各方面按接待方案落实。接待结束，公务人员应将整个接待工作进行总结，写成报告，作为存档资料。

（6）上级、贵宾、外单位团队来访，应当组织适当规模的欢迎仪式。如果是事先有约的远方来客，应主动到车站、码头或机场迎接；并准备好写有"欢迎某某先生（或小姐）"字样的牌子。接到客人后，应致以问候和欢迎；同时做自我介绍。问候寒暄之后，应主动帮客人提取装卸行李。

取行李时,最好不要主动去拿客人的公文包或手提包,因为里边一般是放置贵重物品或隐私物件的。将客人送到住宿处后,不宜久留,以便让客人尽快洗整、休息;但别忘了告诉客人与你联系的方式及下次见面的时间。

2. 待客应友好

领路。在带领来访者时,要配合对方的步幅,在客人左侧前一米处引导。可边走边向来访者介绍环境。要转弯或上楼梯时,先要有所动作,让对方明白所往何处。侧身转向来访者不仅仅是礼貌的,同时还可观察留心来访者的意愿,及时为来访者提供满意的服务。到达会客室前要告诉客人"这是会客室",如果门是向外开的,用手按住门,让客人先进入,如果门往内开,自己先进入,按住门后再请客人进入。一般右手开门,再转到左手扶住门,面对客人,请客人进入门后再关上门,通常叫作外开门客先入,内开门己先入。

引座。有时会客室的布置,经常会有使来客不知该坐何处才好的感觉,因此引导座位的行动是有必要的。就座时,右为上座,即将客人安排在本单位领导或其他陪同人员的右边。

服务。客人进屋后,如果是冬天,应帮助客人接过衣帽挂好;如是夏天,应打水让客人洗脸或递毛巾擦面,然后视情况上茶、上水果或递烟等。

(1) 招待客人茶点时,最好把茶点装在托盘里,再送到客人面前或旁边的茶几上或桌子上。茶水饮料最好放在客人的右前方,点心、糖果最好放在客人的左前方。

(2) 上茶的时候,应在客人入座后,取出杯子,当着客人的面将杯盖揭开,注意,一定要盖口朝上地放在茶几上;

倒入适量开水，烫片刻后将水倒掉；再放入适量茶叶，掺上约三分之一杯开水，将杯子盖好；从客人的左边为客人上茶，估计茶叶差不多已泡开的时候，再为客人掺上开水。注意，掺茶时茶杯盖子可以执于右手，如果要放在茶几上，盖口就须朝上，以免染上脏物或病菌；水不应掺得太满，一般为杯子的五分之四左右即可。

（3）递烟时，应轻轻将盒盖打开，将烟盒的上部朝着客人，用手指轻轻弹出几支让客人自己取或抖出一两支让客人自己取。不要自己用手指取烟递给客人。如果为客人点火，则最好是打着一次火只为一客人点烟；如果连续点火，打一次火最多也只能为两人点火，绝对不要打一次火后为客人"点转转火"；即使你的打火机再好也不能这样做，因为这是一种失礼的行为。如果用火柴点火，每划燃一根火柴，也不能为两人以上的人点火。点过以后，应先吹灭以后再丢进烟灰缸中。如果为多位客人点烟，点烟的顺序应是身份高的、年长的、女士在先。

（4）请客人吃水果前，应请客人先洗手。将洗净消毒的水果和水果刀交给客人削皮。如果代为客人削皮，一般只应削到你的手指即将碰到已削过的果肉为止，剩下部分最好向客人致歉后请客人自己削掉，以保持水果的清洁卫生。

3. 送客要礼貌

亲切相送。客人提出告辞时，接待人员要等客人起身后再站起来相送，切忌没等客人起身，自己先于客人起立相送，这是很不礼貌的。若客人提出告辞，公务人员仍端坐办公桌前，嘴里说"再见"，而手中却还忙着自己的事，甚至连眼神也没有转到客人身上，更是不礼貌的行为。"出迎三步，身送七步"是迎送宾客最基本的礼仪。因此，每次见面结束，都要以将"再次见面"的心情来恭送对方回去。通常当客人起身告辞时，公务人员应马上站起来，主动为客人取下衣帽，帮他穿上，与客人握手告别，同时选择最合适的言辞送别，如"希望下次再来"等礼貌用语。尤其对初次来访的客人更应该热情、周到、细致。

注意客人物品。客人临走时要帮忙留意是否有物品遗漏，这是一种体贴客人的行为，不要让客人回头再来一趟，还可减轻自己保管客人物品的麻烦及责任，对双方都有好处。如客人带有较多或较重的物品，送客时应帮客人代提重物。与客人在门口、电梯口或汽车旁告别时，要与客人握手，目送客人上车或离开，要以恭敬真诚的态度，笑容可掬地送客，不要急于返回，应鞠躬挥手致意，待客人移出视线后，才可结束告别仪式。

如果以小轿车送客人时，要注意乘车的座次次序。乘小轿车时"右为上、左为下；后为上、前为下"。小轿车后座右位为首位，左位次之，中间位再次之，前座右位殿后。上车时，入右座进右门，入左座进左门，不要让客人在车内再移动座位。

告知路线。客人离开前应询问是否熟悉回程路线及搭乘交通工具的地点和方向，尤其对远道而来的访客更应表达关心之情。一般情况下要帮客人预订好返程票。

目送远离。礼貌送客时，光说一声"再见"，有时显得太简单，不妨加上一两句话，如："今天能和你谈话很高兴",“今天谈话受益很大，谢谢",“欢迎下次再来"。一般公务人员在接待完成后站在门口鞠躬相送，目送客人离开，当客人偶然注意到你有礼的态度时，心中会感到十分温馨。一般单位在送客时可送至大门外、电梯口甚至送上车帮客人关车门。身份地位愈高的贵宾通常也愈有礼貌，往往于上车后将车窗摇下挥手道别，因此接待人员不可于客人上车后就离去，应等待客人座车离开视线后再离去。

（三）接待细节

1. 注意接待规格。公务迎送的对象各种各样，有领导、有普通工作人员，有专程来访、有顺道路过，有大型代表团、有数人乃至一人，接待时应该按照一定的规格进行。一是要由级别相当的人员或组织出面迎送。比如上海市市长到长沙市来，长沙市市长应出面迎送。如因故不能前往，应委托相应的有关人员（如副市长）迎送，并说明原因，表示歉意。二是安排合乎规格的住宿，可根据因公出差住宿费开支标准安排，不要过高，也不要过低，以免对方难堪。三是安排好接送的车辆。

2. 讲究迎客礼仪。在迎客时应按通过接待迎送礼仪进行，握手、致敬、介绍（自我介绍和介绍他人）等。

3. 安排好拜访与宴请。客人来访安顿好以后，主人应登门拜访，这是一项不可缺少的礼仪。拜访要选择恰当的时间，时间可事先约定，约定好后要准时前往，万一需要改变，应及时通知对方。到达客人的住处应先敲门，如未关门则先在门口要招呼，不要贸然闯入。进屋后对所有的人（不论认识与否）都要一一握手招呼，对年长者更应礼貌周全。

拜访时，言行举止要稳重，彬彬有礼。拜访的时间不应过长，因为这是礼节性的拜访，问寒问暖，问问有什么困难等之后即应告辞。如客人相送，应说"请不要送了，再见"之类的话。设宴招待也是一种迎送礼仪，这可参照宴会礼仪进行。

4. 热情有礼地送客。来访结束以后就到送客的时候了，这是公务迎送的最后一个环节。首先要为客人安排好返程的车票、船票或机票，这一工作可提早问清客人的要求，尽力予以满足。其次，在客人离开的当天或前一天为客人送行。临别前一天送行，应到客人住地热情、诚恳、有礼貌地对招待不周表示歉意，征求客人的意见，询问客人还有什么困难需要帮助解决等，然后道别。客人返程的当天送行，一般应送到车站、码头或机场，陪同客人候车、候船或候机，直到火车、轮船或飞机启航后再离开，如果自己不能前往，应向客人说明原因，表示歉意。

◎ **小资料：接待3S**

3S是指Stand up, Smile, See（eye-contact），即起立、微笑、目视对方（眼神的接触）。当客户到达时，接待人员应该做到：

Stand up，用身体语言表示欢迎之意，起立是最基本的礼貌。

Smile，微笑的魅力总是无穷的，当客人到达时，微笑会把欢迎和欣喜之意无言地传递给对方。

See（eye-contact），如果你起身、微笑、目视对方，眼神可以把你的诚意准确传达。

四、公文礼仪

公文,即相对私人文书而言的公务文书的简称,是传达、贯彻党和国家的方针政策,发布行政法规和规章,施行行政措施,请示和答复问题,指示和商议工作,以及报告情况,交流经验的重要工具。各级行政机关的公文,就是各级公务人员在公务活动中所使用的书面文字材料。广义的公文还包括图表、录像、录音、物证等各种适应实际需求的内容。

公文礼仪,即基层公务人员在撰制和办理公文时应当遵守的规范和惯例。我国公文礼仪的基础,即国务院办公厅2000年8月24日发布,自2001年1月1日实施的《国家行政机关公文处理办法》。本节将从公文的撰制、公文的行文、公文的办理这三个方面对公文礼仪进行具体阐述。

(一)公文撰制礼仪

公文是国家行政机关的喉舌,也是联系政府与群众和各级行政机关的重要纽带。因此基层公务人员撰制公文时必须严格遵守有关规定和要求,任何疏漏都有可能耽误公务的执行。

1. 内容要求

任何类型的公文,不论其发文机关和发文目的是什么,都应当在内容上遵循如下两条基本指导原则。

(1)严守法规。公文的观点和内容必须符合国家的法律法规,必须符合党和政府的方针政策。如果发现公文所需贯彻的领导意图与党和国家的有关政策法规相抵触,应及时向领导提出,并予以纠正。如果要提出新的政策规定,则应加以具体说明,切勿使之前后矛盾。

(2)真实准确。公文所反映的情况必须真实、准确。不仅基本的事实材料要真实，而且具体的细节、背景、数据也要准确无误。这就要求基层公务人员深入实际、密切联系群众、实事求是，要克服官僚主义、形式主义和文牍主义，更不可弄虚作假、敷衍了事。

2. 格式要求

公文是一种规范性极强的应用文体，因此基层公务人员在撰制公文时务必要遵守具体的格式要求。

（1）选择恰当文种。国务院规定的13类13种公文形式，每一种都有近似却有所区别的格式要求。因此，选择恰当文种是遵守公文格式的基础。

（2）遵守具体格式。公文讲究格式，是公文管理标准化和现代化的必然要求，也是公文合法性的保障。概括地说，公文格式可分为文头、正文、文尾和标记这四部分内容。

文头。文头包括文件名称与发文字号。文件名称，由发文机关名称加"文件"两字组成，如"中共中央文件"。文件名称往往用套红大字印刷，被称为"红头文件"。发文字号，由发文机关代字、年号、文件顺序号三者组成。若是几个机关联合发文，一般只注明主发机关的发文字号。年号应由"〔〕"括注，而不能使用"（）"。

正文。正文包括以下七部分内容。

一是公文标题。由发文机关名称、事由和文种三部分组成，应简要准确地概括公文的主要内容，体现发文主旨。如果公文版头已注有发文机关，或已在文尾注明了发文机关，公文标题即可省略发文机关；如果难以用少量文字概括所发公文的内容，或公文内容较为简单，可省略发文事由。公文标题除法规、规章名称需加书名号外，一般不加其他标点符号，而以空格代之；标题字数太多，分行书写时，注意不得将固定词语拆开分写。

二是主送机关。即负责受理或答复该公文的机关。上行文只有一个主送机关，即文件责任的直接承担者；下行文可有多个主送机关，书写于左首顶格处，按级别高低顺序排列。

三是正文。是公文的主体，表述公文具体内容的部分，写在主送机关名称之后。

四是附件。即附属于正文的材料，用于对公文的补充或参考。附件名称要在正文之后注明，附件本身既可单独成件，也可与文件主体装订一起投送。

五是发文机关。即公文的法定作者名称，应采用机关全称或规范化简称，写于正文或附件名称之后一定距离的右下方。如需以机关领导人名义行文，则应在领导人姓名前冠以职务。联合行文时，应将主发机关排列在前。

六是发文日期。用以表明公文的生效时间，写于发文机关下方，使用年月日全称。

七是印章。即发文机关对公文的效力负责的凭证，盖于发文机关名称和发文日期的字面上。

文尾。文尾包括如下三个部分。

一是主题词。用以标示公文的核心内容，便于公文的计算机检索与管理。主题词不同于公文标题，其确定应从公文内容范畴、主题内容、特征和文种这四个方面入手，而不能简单地从公文标题中提取。主题词一般不超过五个，每个主题词之间要空一格，写于发文日期之后，用黑体字印刷。

二是抄送抄报机关。即除主送机关外还应了解公文内容的有关机关。上行文为抄报，平行文或下行文为抄送。

三是制发机构和制发时间。即公文的印制单位和时间，书写于同一行。单位居左，顶格；时间居右，顶格。

标记。标记包括四个部分的内容。

一是秘密等级。按公文的机密性质，公文可分为内部文件、公开文件和保密文件三类，其中保密文件又可分为秘密文件、机密文件和绝密文件三等。秘密等级标在左上角，以醒目的黑体字印刷。

二是紧急程度。公文有紧急公文和非紧急公文两类，紧急公文又可分为急公文和特急公文两等。紧急程度应以黑体字标在密级上方。

三是阅读范围。即以工作需要和保密范围为依据所确定的公文的行文范围和阅读对象，写于发文日期之后、主题词之前。

四是印刷份数。指该公文的实际印制数量，用括号标注在文件左下方。

另外，公文纸一般采用A4型于公文左侧装订。

3. 语言要求

公文的语言虽然只是一个形式的问题，却能影响公文的内容，对公文整体起到举足轻重的作用。哪怕是一个小小的文字或标点错误，都有可能影响对公文的理解和执行。因此基层公务人员务必要注意公文撰制过程中的语言问题。一般而言，要做到准确、朴实、简明。

（1）准确。公文的语言要求准确，是指公文的用字用词要恰当，语句段落要通顺，数字标点要规范。只有准确用语，才能如实反映客观事物，如实传达发文意图，使公文得以更好地理解和执行。

（2）朴实。公文具有政治性和严肃性的特点，因此公文的语言应当力求质朴无华，少用描写和抒情的手法。要直话直说，不可拐弯抹角或以含蓄的笔法委婉地表达意思。

（3）简要。公文语言的简要，是快速高效地传递信息的需要。冗长的公文不仅会让人望而生厌，而且不利于主旨的突出和重点的把握。简明扼要是公文写作的一项基本要求。要使公文语言简要，就须开门见山，尽快道出主题，紧扣主题，摒弃套话，并学会熟练使用一套常用的事务性词汇，简要对事物进行表达。

（二）公文行文礼仪

行文即公文的运转，行文关系则是指公文运转过程中发文机关与收文机关之间的关系，也即各级机关之间公文的授受关系。

1. 行文分类

按照公文在各级机关之间的运行方向，可将行文分为三类：上行文、平行文和下行文。相应地，行文关系也可分为上行文关系、平行文关系和下行文关系三种。

（1）上行文。上行文即下级机关向上级机关呈递的公文，一般可分为逐级行文、多级行文和越级行文三种。由于下级机关要对自己的直接上级机关负责，因此逐级行文最为普遍。只有在特殊情况下才可采用多级行文和越级行文的方式。上行文包括报告、请示和议案三种公文类型。

（2）平行文。平行文即互相没有隶属关系和业务指导关系，同级或不属同一系统的机关部门之间的行文。平行文多采用公函文件。

（3）下行文。下行文即上级机关对所属下级机关制发的文件，一般可分为逐级行文、多级行文、直到基层行文这三种。下行文的文种较多，有命令、决定、意见、公告、通告、通知、通报、批复、会议纪要等9种。

2.行文规则

各级机关之间互相行文时，务必要遵守如下一些礼仪规则。

（1）行文机关应明确发文权限，在自己的职权范围内制发公文。对超出自己权限的待处理事项，应行文商请职权部门发文或双方联名行文，不可越俎代庖。越权而行之公文没有任何权威和约束力。

（2）下级机关应向自己的直接上级机关负责，不可随意越级向上行文。如有特殊情况必须越级请示，则应抄报所越机关。上级机关如有必要越级向下行文时，亦应同时抄送受文机关的直接上级机关。

（3）受双重领导的机关上报公文，应根据内容写明主报机关和抄报机关，由主报机关答复请示的问题。上级机关向受双重领导的下级机关行文时，应同时抄送另一上级机关。

（4）贯彻党政分开原则，实行党政分别行文。凡属政府的工作，应以政府名义行文；凡属党委的工作，则应以党委名义行文。

（5）若待办事项涉及多个机关的职权范围，或多个机关遇有相同问题需请示和报告时，各机关可联合行文。联合行文的各方应是同一级别。各部门若对某一问题未形成一致意见，均不得擅自向下行文。

（6）经批准在报刊上发表的行政公文，应被视为正式公文而依照执行。如不另外行文，发文机关应在报刊上发表该文时加以注明。

（7）本着精简高效的原则，应严格控制发文的数量、投送范围。尽量减少行文的中间环节，不重复行文。

（三）公文办理礼仪

依照国家有关规定："公文办理一般包括签收、登记、拟办、批办、承办、催办、拟稿、审核、签发、缮印、用印、传递、归档、销毁等程序。"一般而言，公文办理是指各级行政机关和公务人员在收到公文后对它进行的办复。

1. 基本要求

基层公务人员办理公文务必须遵循准确、及时、安全三项基本要求。

（1）准确。所谓办理公文要准确，是指办理公文的每个环节都要井然有序，办理公文的顺序要合理，衔接要紧凑，办理的形式和方法要力求规范、标准。

（2）及时。为提高办事效率，基层公务人员办理公文时务必要及时，要避免因公文误期而影响工作。一是要强化时间观念。公文能办就办，说办就办，养成限定时间内办好公文的良好习惯，不可拖拖拉拉、办办停停。对于紧急公文，更须及时处理。二是要缩短运转周期。公务人员要尽量缩短公文的传递、留办时间，促进公文高效运转，避免在公文传递过程中浪费不必要的时间。三是要简化办文程序。要尽量减少公文办理所需的手续和环节，防止因环节复杂、程序繁多而导致的效率低下。

（3）安全。基层公务人员在办理公文时要恪尽职守，确保经办公文的安全。这里的安全有两层含义。一是指要确保公文物质上的安全，防止公文受损或遗失。这就要求不可乱堆、乱放、乱叠公文，以免受到过多的磨损；要做到防潮防火防蛀，延长公文"寿命"。二是指要确保公文政治上的安全，严守国家机密。要积极做好保密工作，开展保密教育，做到有备无患，防止国家利益受损。

为了确保公文的安全，各级领导务必要端正态度，充分认识公文安全的重要性；要经常性开展公务人员业务培训，提高基层公务人员的素质和能力。

2. 收文程序

收到公文后，基层公务人员一定要按程序对其进行处理。

（1）登记。各级行政机关在收到公文后，务必要对所收公文进行登记。各种公文一般可按"上级文件""下级文件""需承办文件""一般性文件"4个类型分类登记。登记内容包括收文序号、收文日期、来文单位、来文标题、密级、领导批示与承办情况、归卷号及备注等。收文登记时字迹要清晰工整，平件、密件要明确区分，急缓程度要严格分清。登记的基本要求是准确、翔实。

（2）拟办、批办。拟办即基层公务人员在收到来文后提出初步的办理方案或建议，供领导参考。拟办意见应简明扼要，并可随同附上与来文有关的材料，交领导参看。

批办即机关领导对需要办理的公文进行批示，提出执行、办理的原则与方法，并签署姓名与日期。批办要及时、迅速，批示的意见要明确、具体。

（3）承办。承办即基层公务人员根据领导批示意见，对公文的具体执行办理。承办时应当统筹规划、妥善安排。要分清来文的主次缓急，有步骤有计划地办理，优先办理重要的公文。一般而言，特急件应随收随办，当时或当天办结；急件也应随收随办；限时处理的公文当以规定时间为限，不得拖延；其他一般公文也应尽快办理。

（4）催办。催办即对公文办理的督促与检查，主要是指在收到公文后，对本机关各承办部门的公文处理工作进行监督与检查。各级行政机关应建立健全机关公文催办系统和催办的登记、分层逐级汇报制度，以落实催办工作。

第七讲 社区商务礼仪

商务礼仪也称商业礼仪,是商务活动交往中形成的约定俗成的礼节和仪式的总称,是商务工作者从事商务活动必须遵循的行为规范。商务礼仪是整个社会礼仪的重要组成部分。

在商务交往活动中,良好的组织形象,是一笔无形的财富,为组织的生存、发展创造种种便利。在现代社会,商务组织形象的塑造,离开礼仪无异于空谈。礼仪能够使商务工作者不为表层的习俗所困扰,能够自信地应对各种文化场景,从而专心从事各自的工作;礼仪能够调控管理者与被管理者的行为,在尊重别人的前提下,形成良好的职业氛围;礼仪能够展现商业组织的完整形象,形成自身独特的社会现象。

由于礼仪体现在商务活动的各个环节当中,通过员工的仪表规范、言辞谈吐、行为方式中的礼貌、礼节表现出来;通过组织参与社会活动中的仪式、仪典体现出来。如果商务组织中的每一个成员能够时时处处讲求行为的有礼和有节,以礼仪的准则来协调组织与社会、组织与公众间的关系,将对塑造良好的组织形象起到极其重要的作用。

一、公司内部礼仪

公司作为商业活动的主要形式,有着自己特殊的利益、义务、活动范围和方式,也必然具有相应的职业规范。公司职业规范往往要通过各种简明适用的形式表现出来,如规章制度、工作守则、店堂纪律、生活公约、劳动规程、行为须知、条令条例等,而这其中绝大部分要通过公司内部礼仪加以具体化,这就是我们在里要重点讲的公司内部礼仪。

(一)基本准则

俗话说,无规矩不成方圆。任何一个企业、一个公司,为维护其正常运行与发展,就必须制定与之相适应的行为准则。虽然不同的公司会有不同的要求,但每家公司在运行中,对每个员工待人接物的能力、首创精神、办事能力与效率、执行上司指示的态度等基本工作行为准则的要求是相同的。

1. 服从指示

第一,接受指示

当上级部门下达任务及交代工作时,首先要认真听取,态度要诚恳谦虚。不管可不可行,能不能完成,都应先听完上级的工作指示,不可以无礼打断或随意插话。为了确保自己接受指示的准确性与完整性,可以在上级下达完指示之后,复述一遍上级指示。这将有助于接下来工作完成的正确性。

第二,迅速回答

在听取上级指示时,不仅要洗耳恭听,而且应有问必答。回答工作中的提问，应尽量遵循"知无不言，言无不尽"的原则，措辞准确，言简意赅，实事求是。

第三，善做笔记

俗话说，"好记性不如烂笔头"。实验也证明，一般人在听过别人说话后，最多记住听到的一半信息。所以，在接受上级工作指示时，养成做笔记的习惯是十分必要的。接受工作指示时，不仅要做笔记，而且要会做笔记。掌握一定的速记技能，可确保笔记的准确性与完整性。

2.准确执行

第一，现代信息社会，时间就是效率，时间就是信用

有时间期限的工作一定要按时完成，不可拖延误事。即使没有具体的时间限定，也应该尽快完成。办事拖沓是工作能力有限的表现，也足以让上级怀疑你能否胜任该工作。

第二，善于说"不"

虽然服从上级的指示、意见是基本要求，但上级也有失误和犯错的时候。如果事关重大，而且明显出错的时候，要勇于提出不同意见。不过，这时候的措辞一定要注意，不要直接用否定的口吻说"那是错误的""太可笑了"，而应该使用"也许是我的感觉有问题，不过我觉得……""也许对我这个无知小辈来说有失礼貌，不过……""我也是那么想的，可是……"等委婉的表达方式来陈述自己的意见。

第三，创造性地开展工作

工作中，我们不仅要坚持原则，而且要把握工作的创造性与灵活性。这就要求我们在工作中讲究一定的处理艺术与策略。常见的工作处理艺术如下。

"宜粗不宜细"的处理艺术——在处理负责的工作中,要先抓住主要问题、主要对象,重点突破。对于一时难以解决的次要问题,可先搁一搁,待主体工作完成之后再着手处理。

"心理疏导,情感沟通"的处理艺术——在工作中,赢得工作对象的情感是十分重要的一个环节。关心对方,有意识地进行情感投资,可拉近工作合作者双方的距离,促进工作的开展与完成,甚至为进一步的合作铺平道路。

"区分类型,有的放矢"的处理艺术——在工作中,根据不同的原因、不同的情况选择不同的工作方式与方法,区别对待,各个击破,是提高工作效率的有力保障。

3. 及时汇报

所谓汇报,一般是指向特定的对象报告工作。其确切的含义是指:将工作中的有关资讯进行认真的分析、研究、综合、归纳、概括和总结,然后根据时间的需要和有关的规定,向有关的单位、部门及其负责人进行专门的报告。

第一,汇报时机

● 指派的工作完成的时候;

● 所需时间较长的工作的进展状况;

● 出现问题或者需要改变做法的时候;

● 获得该项工作相关信息的时候;

● 想到提高工作效率等有助于工作的好主意的时候。

第二,汇报要点

回避内容要实事求是,汇报口音要吐字清晰,语调、声音大小恰当。语言精练,条理清楚,不可"察言观色",投其所好,不可以有意逞强,大模大样。有外人在场时,一般不宜进行口头汇报或电话汇报。尤其不要在外人面前对汇报人附耳而语，低声交谈，这种"排外"的做法不利于工作开展。

● 准确。上级总是希望了解工作的真实情况。如果你的报告缺乏准确性，就会影响上级的判断，影响到工作的安排。切记不要添加自己的理解、自己的主观臆测等。当上级要求听听你的意见和想法时，再陈述自己的观点。

● 迅速。汇报要尽可能地早做。当然，提交报告时间已经确定，或者汇报的内容比汇报的时间更重要时则另当别论。如果被上级问到"那件事情办得怎样了"，那么你的汇报就太迟了。汇报的时候，要先询问上级是否有时间："现在跟您汇报一下好吗？"

● 简洁。无论上书面汇报还是口头汇报，汇报之前都要把将要汇报的内容总结成几个要点。在汇报时，必须首先说结论，再汇报原因、经过等。内容冗长又没有概括性，别人不知道你到底想说什么，则会议的汇报不能被称为汇报。

● 汇报工作时如果上级不注意礼仪，不可冲撞、对立，仍然要以礼相待，也可以以身示范来暗示上级纠正错误，或者直言相陈，但得注意言辞的艺术性。

● 汇报结束后，上级如果谈性犹在，不可有不耐烦的体态语产生，应等到上级表示结束时才可告辞，告辞时，要整理好自己的材料、衣着与茶具、座椅，当领导送别时要主动说"谢谢"或"请留步"。

第三，报告书的书写

商业文件一般都是横着写。要按照公司规定的格式，可以使用图表把报告做得容易理解。

报告书的实例如表7-1所示：

表7-1

报告书 年　　月　　日 事项名称 结论 经过	这次的问题 今后的展望 个人意见 此呈 汇报人

（二）礼仪秩序

1. 上班应准时

准时上班，并不等于准点进公司就可以了。合格的员工，必须在规定的时间前就做好工作准备。不能过了上班时间再来安排当天的计划。如果感到自己的起床时间、上班时间逐渐变晚，请反省一下自己"时间观念是否变得懒散了"。至少应提前5分钟到公司，做好上班前的准备工作。

2. 离座宜有序

在办公室，办公桌就是我们的岗位，是我们联系工作对象和处理工作的主要场所。因此，在正常上班时间，不要长时间不在岗位或频繁地离开岗位。如果确有其他工作要离座处理,应与周围同事做一简要交代,以保障其他工作的延续性。

3. 外出应获准

上班期间,严格地讲,是不可随意离岗外出的。因工作需要外出的,应首先向上级主管报告,获得批准;其次,则应与有关同事协商,做好相关的工作安排,确保工作处理中的内外配合。如因私事需外出处理,则应向有关部门办理请假手续,且要根据请假时间的长短,交代好手头的工作。

4. 下班应从容

下班时间的到来,意味着一天的工作暂告一段落。下班要遵守的最基本原则就是不早退。下班离开,要注意善始善终,要安静有序地整理好自己的办公桌,礼貌地与同事告别,从容地离开办公室。不可高声喧哗,更不可"争先恐后"。

为了确保工作的延续性和工作效率,下班前,首先应遵循"今日事,今日毕"的办事原则,先坚持今天的工作是否完成。如有未完成的工作,则应确定是否需要加班。其次,应大致安排一下下一天天的工作任务,以确保第二天工作的有序性。

(三)商务常识

1. 接打电话礼仪

电话交流是一种十分普及的通信联络方式。现在电话交谈大多数还只是一种只闻其声、不见其人的交流。但因为人的想象力,我们不仅能凭一个人的声音来判断一个人的教养水准和礼貌程度,而且能仅凭一个人的声音来塑造一个想象的交流对象，从而决定对对方的好恶。所以说，一个电话声音形象小则影响个人，大则可能影响到个人所在的企业集团。公务电话交往应遵循的基本礼仪，我们可以归纳为"三个三"原则。

第一个"三"：铃响不过三声原则。公务电话有一个不成文的规定，电话铃响过三遍之后，就判断为对方电话无人接听，可以挂筒了。所以无论从尊重发话方出发，为对方节约时间，还是从己方利益出发，保障为自己快速获取信息，接话者都应尽快拿起话筒通话。

第二个"三"：通话三分钟原则。电话线路是企业连接外界信息的一条重要通道。一条信息占据的时间越长，阻碍其他信息传入的时间也就越久。所以设立这条原则，一方面是锻炼员工处理解决问题的能力，另一方面就是为了保证在尽量短的时间内传入尽量多的信息。

第三个"三"：通话三要领。第一要领：问候。拿起话筒首先问候对方，"你好"二字体现的不仅是个人修养，而且是企业的形象。第二要领：自报家门。标准模式是"企业名称+部门名称+姓名"，自报家门的目的是让发话方在第一时间判断自己电话拨打的正确性，从而为双方节约时间。第三要领：善始善终。通话完毕，不要急于挂机。一般由发话人结束谈话，先挂机。如果对方是长辈、上级、外宾或女性，则可让对方先挂机。尤其通话双方有明显的级别差异时，则必须让上级领导先挂机，不可"越位"抢先。

2. 发传真、E-MAIL礼仪

传真，又称真迹传真或"用户电报"（TELEX），是用户双方通过安装在普通电话网络上的传真机，对外发送或接受书信、文件、资料、图纸以及照片真迹的一种迅速高效的现代通信联络方式。电传以其传递迅速逼真、使用便捷、费用低廉等优点，已成为现代商务交往中十分普及的一种通信联络方式。使用中，同样有其一定的礼仪规范需要遵守。

第一，事前通报，选择时间。发传真前，应先打电话给接收方，询问对方是否可以进行传真。要注意避开对方工作最繁忙的时间。无人在场，而又可能有传真时，应注意让自己的传真机处于自动接收状态，以免漏过传真件。

第二，行文规范，礼待对方。正式的传真应该有首页，其上注明传送者与接受者双方的单位、姓名、日期、总页数等。发传真时，应有必要的问候语和致谢语。尤其是传真信件时，称呼、敬语、签字等都不可缺少。

第三，收到传真，及时回复、转交。收到传真后，应立即通知对方，以免牵挂。如果是需要转交或转达别人发来的传真时，应当从速办理，以防耽搁误事。

E-mail又叫电子邮件。它是通过电脑网络向交往对象发出的一种无纸化电子信件。电子邮件以其不受时空的限制，信息量大、速度快捷且价格便宜的优势，在商务交往中越来越占据主导地位。使用电子邮箱，亦有一定的礼仪规范需要遵守。

第一，要遵守一般的信函礼仪。如：尊重收件人，称谓得体；收到需要回复的信件，应及时回复；等等。

第二，要遵守一定的网络礼仪。如：讲究"网德"，不发轻狂、污秽之言；尊重通信权，不随意转发他人信件；等等。

第三，主题应一目了然。让收信人一眼就知道信的主旨，判断出信的重要与否。信件中如果包含有其他资料性内容，为方便对方保存阅读，应以附件的形式发送过去，而不要写在正文中。

3. 商业信函礼仪

信，就是借助文字以互通信息；函，本义是信的封套，后也用函指代信件，尤其是对他人来信的尊称。信函是人们在日常生活、社会交往及工作中用来传递信息、交流思想感情的应用文书，是社交礼仪的一种基本手段。商业信函属信函的一种，所以，它既有一般信函的基本特征，又有商业信函的特殊规范。

第一，信函一般由笺文和封文两部分组成。

信函一般由笺文和封文两部分组成。笺文是写在信笺上的文字，是书信的主体，它决定书信的雅俗、繁简及风格。封文就是写在信封上的文字，是为了使信件送达正确的目的地，写给邮递员看的。所以，完整的商业信函应该是笺文和封文俱全的。

第二，商务信函必须符合书信的书写规范。

一是格式规范，笺文中的称谓、开头应酬语、正文、结尾应酬语、祝颂敬辞、署名及时间等书写完整规范。二是文辞通顺、用语礼貌。

第三，商务信函，种类繁多。

每一种的书写应用，都应符合约定俗成的礼仪规范。常见商务信函范例如下。

商业介绍信——是企业组织为接洽事项、联系工作、商谈事宜、参观访问等而作的介绍和证明。内容主要包括被介绍人的姓名、身份、职务；随访人数，活动目的；接洽事项及对对方单位的要求等。具体形式见表7-2。

表7-2

介　绍　信

某某集团：
　　兹介绍我单位××、××等五位同志前往贵集团就合作之事进行初步洽谈，请予接洽为盼。

　　此致
敬礼

　　　　　　　　　　　　　　　　　　××企业（章）
　　　　　　　　　　　　　　　　　　××××年××月××日

预订信——常见的预订信是向饭店预订客房的信笺。一般应包括三部分内容：

● 说明房间的种类、间数及相关要求；

● 告知到达日期、时间及离开日期，即占用房间的时间；

● 要求对方报价和确认。

订购信——订购信是有业务往来的企业、集团之间常用的一种信函。它直接关系着双方的利益。所以，书写时，仔细校对每个字和反复核对都是非常必要的。而且不可以有涂改和改动。其内容包括：

● 所需商品信息：名称、货号、详细规格、订购数量、商品价格等；

● 运装信息：运装的方式、运输工具、运输路线、运达目的地等；

● 时间信息：订购日期、交货日期等。

● 付款方式。

商务询问信——这类信函分为两种：一种是要求收信人在一定时间内向写信人提供有关情况或某种商品的价格；另一种是只向收信人索取一本免费目录，或征询收信人对某种产品或服务的意见（问卷）。很明显，第一种对收信人有利，较容易得到答复；第二种对写信人有利，得到答复的难度要大些。所以，要想更快更好地答复，写信应注重礼节；信中所涉及的问题要尽量少，不占用对方太多时间；问题表达要清楚，使对方对问题的原因一目了然。同时不要忘记在信中附上回信地址，最好是附上贴好邮票并写好回信地址的信封。

商业催收信——商业往来中，货、款并非都是一次结清，多数情况是货到了货款还没到。超过一定期限，就需要使用催收信来催款了。催收信不是一封就能达到目的的，所以，一般是设计系列催收信，分阶段催收。第一阶段主要包括一张盖上催收印章的账单和一封简短亲切的便函；第二阶段应直截了当地要求对方付款，并邀对方商谈付款事宜；第三阶段的催收信则要反映出一种紧迫感。通过礼貌的语言，毫不含糊地要求对方尽快付款，否则将提出诉讼。并限定对方付款的期限。

二、商务容装礼仪

（一）商务仪容礼仪

1. 男士仪容

第一，发型。男士的发型要干净整洁，注意经常修饰、修理。头发不应过长，前部的头发不要遮住眉毛，侧部的头发不要盖住耳朵，后部的头发不要长过西装衬衫领子的上部，头发不要过厚，鬓角不要过长。

第二，面部修饰。男士在进行商务活动的时候，每天要剃须修面以保持面部清洁；男士在商务活动当中经常会接触到香烟、酒等有刺激性气味的物品，要随时保持口气的清新。

2. 女士仪容

第一，发型美观、大方，在选择发卡、发带的时候，式样应该庄重大方。

第二，面部修饰以淡妆为主，不应该浓妆艳抹，也不应素面朝天。

（二）商务服饰礼仪

在商界，"TPO"原则依然是必须遵循的一个重要原则。要求人们在商务活动中服装穿着、饰品佩戴和配件使用等方面，兼顾时间、地点、场合的要求，并与之相适应。

1. 男士着装要求

（1）中山装

中山装是孙中山与著名裁缝黄隆生共同研究设计的。依据国之四维（礼、义、廉、耻）而确定前襟为四个口袋；依据国民党区别于西方国家三权分立的五权分立（行政、立法、司法、考试、监察）而确定前襟为五个纽扣；依据三民主义（民族、民权、民生）而确立袖口必须为三个扣子等。穿中山装时应将上衣的前门襟、风纪扣、袋盖扣全部扣好。口袋内不宜多放物品，以免影响衣服的平整挺括。更不得卷起袖管或裤管以免有损形象。着中山装可穿皮鞋，亦可配穿干净的布鞋。上下装同质同色的中山装既可作为中式礼服穿着，又可作为商务场合的着装使用。

（2）西服

在当代，西服可以说是最受男士青睐的一种服饰。从造型风格上分，西服可分为美式西服、欧式西服、英式西服和日式西服；从用途上分，西服可分为工作用的西服、礼服用的西服和休闲用的西服；从款式上分，西服可分为单排扣西服和双排扣西服。下面我们着重介绍一下商务场合的西服着装规范。

第一，西服与纽扣

西服的上装有单排扣与双排扣之分。双排扣的上装穿着时，一般应将纽扣全部扣上。单排扣的上装分为一粒扣西服、两粒扣西服和三粒扣西服。穿着时，一粒扣西服扣上即可；两粒扣西服只可扣上面一粒；三粒扣西服则应扣中间一粒。应注意的是，当穿着西服者坐下时，则应把西服上装的扣子都解开。

第二，西服与衬衫

商务场合用来配西服的衬衫应尽量选择单一的颜色。衬衫袖应长出西服袖口1～2厘米，衬衫领亦应高出西服领沿1厘米左右。这样既美观又可以保护西服的袖口和领口。所以，衬衫一定要勤洗勤换。衬衫的下摆必须扎进裤腰内。系领带时，衬衫上的所有纽扣都必须扣好。

第三，西服与领带

领带是西服的灵魂，是整套西服的点睛之笔，首先，在领带的选择上，商务场合应选择颜色单一的或图案比较规整的领带，如斜条纹图案、细方格图案等。其次，系好后的领带标准长度应是领带大箭头的下端正好抵达皮带扣上沿线为宜。最后，使用领带夹应注意以下方面。第一，领带夹是用来固定领带的工具，一般只用于工作场合。第二，领带夹一般夹在衬衫的第四第五颗纽扣之间，同时把领带和衬衫的前襟夹住。其原则是扣上西服不可露出领带夹。第三，如果穿的是带西服背心的三件套西服，则可以不使用领带夹。

第四，西服与口袋

一套西服的口袋可谓不少，但无论哪种西服，其口袋的使用原则都是尽量不放或少放东西。西装上衣外侧下方的口袋只作装饰之用，外侧左胸部的口袋只可放折叠好的装饰手帕。票夹、名片夹等必备物件可放在内侧左右胸袋里，但原则是不改变、不影响西服的外形平挺。西裤的左右插袋除插手保暖外亦不可放任何物品。西裤的两个后兜可放折叠好的实用性手帕。

第五，西服与鞋袜

俗话说："脚下没鞋穷半截。"因男士在商务场合的西装颜色一般较暗，所以按照"西装革履"的要求，配上一双鞋面清洁光亮的黑色系带牛皮鞋是最合适的了。袜子的选择主要是颜色的选择，一般应选择比西装颜色略深一点的纯棉毛制品，最忌讳的就是深色西装配上一双白色袜子。其次应注意袜脖子应有足够的长度，即使是坐下叠腿时，也不可出现袜口与裤口之间露出小腿的现象。

◎ 小资料：在和西装进行搭配的时候，需要选择哪些修饰物？

公司的徽标。公司的徽标需要随身携带，它的准确佩戴位置是男士西装的左胸上方，这是男士在选择西装时需要搭配的物品。

钢笔。因为从事商务活动要经常使用，钢笔的正确携带位置应该是男士西装内侧的口袋，而不应该是男士西装的外侧口袋，一般情况下我们也要尽量避免把它携带在衬衫的口袋里，这样容易把衬衫弄污。

名片夹。应该选择一个比较好的名片夹来放自己的名片，这样可以确保自己名片的清洁整齐。同时接受他人名片的时候，也应该找一个妥善的位置保存，避免直接把对方的名片放在口袋里，或者放在手中不停地摆弄，这都是不好的商务习惯。

纸巾。男士在着装的时候，应该随身携带纸巾，或者携带一块手绢，可以随时清洁自己面部的污垢，避免一些尴尬场面的出现。

公文包。一般男士在选择公文包的时候，它的式样、大小应该和其整体的着装配合。男士一般的物品，像手机、笔记本、笔可以放在公文包中，男士在着西装的时候，应该尽量避免在口袋中携带很多的物品，这样会使衣服显得很臃肿，不适合。

2. 女士着装要求

（1）西装套裙

西装套裙，简称套裙，是女士在正式场合的常备装之一。它把西装的刚与裙装的柔有机地结合在一起，备受商务场合的女性青睐。

穿着套裙的礼规如下。

第一，注意选择合适的长短大小。上衣最短以腰为底线，裙子最短在膝以上10厘米处，最长亦只能到达小腿中部。无论是上衣还是裙子，都不可以过于肥大或紧身，以裁剪合体为宜。

第二，应注意胸衣、内裤、吊袜带、衬裙等内衣既不可外露也不可外透。

第三，应注意搭配上与套裙合适的鞋袜。商务场合的套裙一般不要配靴子，而是配颜色与套装协调的浅口船形鞋。丝袜宜选肉色的连裤袜。为了避免不小心丝袜走纱，女士们最好随时在自己的挎包中带一双备用袜，以备不时之需。

第四，由于套裙的裙摆有限，所以穿着者在行走时，步距应小一点（步距是指每跨出一步，前脚跟与后脚尖之间的距离）。女士穿套裙时，步距应小于1.5个脚长。步速则可稍快一点，给人以轻快、干练的职业女性印象。

（2）其他裙装

在商务场合，女士们除了选择套裙外，还可以选择其他款式的连衣裙或半身裙。连衣裙如直身裙、旗袍式连衣裙，半身裙如百褶裙、"A"字裙、一步裙、直筒裙等。不管是哪种裙装，作为商务场合的着装，在色彩与图案上都必须以素雅为主，不可用过分夸张与艳丽的色彩，应遵循"三色原则"。其余穿着规范与上面所讲套裙穿着的要求一致。

（3）着装与饰品

首饰是服装的画龙点睛之笔，用来点缀着装之用。所以宜少不宜多，点到为止最好。

第一，商务场合不是一个突出性别魅力的场合，所以过分表现女性特征的首饰不能戴，如耳环、手镯、脚镯等。

第二，因为首饰是点缀之物，所以不能戴得过分集中。如耳环、项链、胸针一块上，这就只能叫累赘，而不是点缀了。

第三，佩戴首饰要符合地方文化习俗。如中国人习惯戴护身符，就应遵循"男戴观音女戴佛"的习俗等。

3. 商务场合的着装禁忌

不管是男士还是女士，首先应掌握的是着装的基本禁忌，以免在运用中出错，贻笑大方。商务场合着装的基本禁忌有如下几条。

（1）着装忌讳过分鲜艳

这条原则是针对服装颜色的选择上不可过多，过于随意。要遵守服装用色的"三色原则"，即全身的服装用色不可以超过三种颜色，如果用到三种颜色，其中必须有一种是中间色（黑色、白色或者灰色），用来调和全身色调。

（2）着装忌讳过分杂乱

这条是针对服装的搭配而言的。

● 着装在面料和款式上要搭配协调。例如厚重的毛呢面料的上衣就不适合配薄软的真丝裙装；穿西服就不能配旅游鞋等。

● 着装与穿着者所在的场合不协调也被认为是着装杂乱。例如女性穿着吊带裙而不配外套到商务场合，就是着装杂乱。

（3）着装忌讳过分暴露

商务场合是一个庄重严肃的场合，着装应该典雅大方。通常认为有以下几处是绝对不可以露的。

● 不可露胸。这是指上衣的衣领不可太低，最低不能超过锁骨沿线。

● 不可露肩。这是指商务场合不可将无袖衫、抹胸等直接当外衣穿。

● 不可露背。这是针对衣领的后沿线的要求，最低不能低于肩。

● 不可露腰。这点要求上装和下装在腰部必须重叠，商务场合不可穿露脐装、低腰裤等。

● 不可露脚趾。

● 不可露脚跟。这两点是针对鞋装而言，即使在夏季，商务场合也必须穿前后不露的皮鞋，而不能穿透气性凉鞋。

（4）着装忌讳过分透明

商务场合着装有句俗语："宁可露，不可透。"正式场合着装的"透"比"露"更让人难以接受。尤其是外国人，在他们看来，商务场合的"透视装"不仅有碍观瞻，而且穿着者还有不自重、不自爱之嫌。

（5）着装忌讳过分短小

这里的短小是针对商务场合而言的。例如，短袖衫、休闲短裤装等，在休闲场合可以穿，但在商务场合就是不合时宜的短小了。裙装的长短要求在前面已讲过，这里不再累述。

（6）着装忌讳过分紧身

紧身装主要表现人体的体形特点，是女性的常规装。但这种服饰过分彰显女性的性别魅力，缺乏正式场合所需要的庄重之感，所以，通常只用于社交场合和休闲场合，而不用于商务场合。

从更高的标准来说，要想在商务场合给人留下全面良好的印象，不仅要遵守该场合着装的基本要求，而且应把服装与自身的个性、气质结合起来，才能真正塑造出既端庄文雅，又令人耳目一新的成功形象。

三、商务用餐礼仪

商务用餐，在商界有时亦称工作餐，或者餐会。它所指的是，在商务交往中具有业务关系的合作伙伴，为进行接触、保持联系、交换信息或洽谈生意，而借用餐的形式所进行的一种商务聚会。

（一）商务工作餐的特点

站在商务礼仪角度来看，正规的工作餐既不同于正式的宴会，也不同于亲友们的会餐。在一般情况下，工作餐通常具有下述四个方面的显著特点。

第一，它重在营造一种氛围。同正式的宴会相比，工作餐所强调的不是形式与档次，而意在以餐会友，重在营造出一种有利于商务人员进一步进行接触的轻松、愉快、和睦、融洽、友好的氛围。

第二，它具有某种实际目的。商务人员讲究的是务实，工作餐自然也如此。它是以另外一种形式所继续进行的商务活动，换言之，它只不过是一种权且以餐桌充当会议桌或谈判桌，改头换面所进行的非正式的商务会谈而已。

第三，它大都要求较小规模。就参加者的人数而言，工作餐通常与声势浩大的宴会或会餐难以比拟。一般来说，工作餐大都不是多边性聚会，而是以双边性聚会为主。但是，参加工作餐的总人数，以不超过十人为好。与事无关者、配偶、子女等，均不宜到场。

第四，它通常是在午间举行。宴会与会餐，大都选定在晚上举行，并且往往喜欢举行于节假日或是周末。这是为了使参加者在时间上感到方便，同时也是一种社交惯例。工作餐通常都被安排在工作日的午间，利用工作之间的间歇举行。因此，它在欧美往往被叫作工作午餐，或是午餐会。应当说，将工作餐见缝插针地安排在工作日的午间举行，这件事情本身就体现着商务人员讲求办事效率的务实精神。

（二）商务工作餐的礼仪规范

要成功地筹办一次工作餐，不仅要从理论上了解其主要特点，还须系统地掌握其基本礼仪。主要包括工作餐的安排、工作餐的做东、工作餐的进行等。下面对其各做介绍。

1. 工作餐的安排

要想安排好一次工作餐，并能使之达到预定的目的，要注意以下几个问题。

目的。主动提议与他人一道共进一次工作餐，提议者大都胸中有数，意欲借此机会来实现自己的某种目的。一般来说，利用工作餐这一极其灵活的商务活动的具体形式，商务人员可以会晤客户，接触同行，互通信息，共同协商，洽谈生意。此外，也可以以之接待新朋友和面试应聘者。然而有一点必须明确，那就是举行一次工作餐，首先应当有要事要办，要能够解决实际问题，绝对不允许无的放矢，将其等同于吹牛、聊天、发牢骚等无所事事的"神仙会"，浪费有关各方无比宝贵的时间。

时间。举行工作餐的具体时间，原则上应当由工作餐的参与者共同协商决定。有时，亦可由做东者首先提议，并且经过参与者的同意。按照惯例，工作餐不应当被安排在节假日，而应当是在工作日举行。举行工作餐的最佳时间，通常被认为是中午的十二点钟或一点钟左右。若无特殊情况，每次工作餐的进行时间以一个小时左右为宜，至多也不应当超过两个小时。当然，若是届时要事尚未谈完，而大家一致同意，适当地延长一些时间也未必不可。

地点。根据惯例，举行工作餐的地点应由主人选定，客人们则应当客随主便。具体而言，举行工作餐的地点可有多种多样的选择。饭庄、酒楼的雅座，宾馆、俱乐部、康乐中心附设的餐厅，高档的咖啡厅、快餐店等，都可予以考虑。不过从总体上讲，选定工作餐的具体地点时，应当兼顾主人的主要目的与客人的实际情况。

2. 工作餐的准备

作为主人，在举行工作餐的时候，还要做好以下准备工作，否则可能导致既定的目标无法实现。

第一，要负责通知客人。正式决定进行工作餐之后，依照常规应由主人负责将相关的时间、地点、人员、议题等等通报给其他人员。对于重要的人士，尤须由主人亲自相告。

作为主人，做东者还必须在善解人意的同时将工作餐将在哪一个餐厅进行、餐厅的具体方位与主要特征、交通的大致路线、宾主双方在何处会面等，一并告知对方。

第二，要负责餐厅订座。前往一些著名的餐馆举行工作餐，通常需要提前预订座位。此事依例应由主人负责。如果对此无知，而临时贸然前往，不但有可能会排长队，浪费时间，而且有可能根本没有指望找到座位。

在订座时，必须将自己的有关要求，例如理想的位置、用餐的时间、到场的人数、特殊的要求、付费的方式等等，同时告诉餐馆的工作人员。必要的话，还应依照对方的要求，预付一定数额的押金。

3. 工作餐的进行

商务礼仪规定，举行工作餐时，做东者必须先于客人抵达用餐地点，以迎候客人们的到来。这是一种惯例，也是一种礼貌。

在正常情况之下，做东者应当至少提前十分钟抵达用餐地点。稍事休整之后，即应在适当之处恭迎客人们的到来。一般认为，餐馆的正门之外、预订好的餐桌旁、餐馆里的休息室以及宾主双方提前约好的会面地点，都是做东者迎宾的适当之处。

倘若宾主在此之前尚未谋面，则主人还可亲自驱车前往迎接客人。另外，也可以在通知对方之时，与对方互相通报一下宾主双方各自的基本特征，例如性别、年龄、高矮、胖瘦、着装等，以便于双方届时相互进行辨认。

在迎候地点，宾主双方见面之后，应一一进行握手，并且互致问候。如果双方的人员不尽熟悉的话，双方的负责人还须各自对自己的随员一一进行介绍。

根据常规，工作餐的结算，应当由做东者负责。具体来讲，工作餐的付费方式通常又分为"主人付费"与"各付其费"等两种。

所谓"主人付费"，指的是在就餐结束后，由做东者负责买单付账。要是宾主十分熟悉，则做东者在餐桌上当着客人们的面算账掏钱也可。要是宾主双方初次相识，或者交往甚浅，则做东者一般不宜当着客人的面，在餐桌上查看账单和算账掏钱。得体的做法是，做东者应当先与侍者通通气，独自前往收款台结账。或是在自己送别客人之后，再回头来结账。尽量不要让侍者当着客人们的面口头报账。更不能让侍者将账单不明主次地递到了客人的手里。

所谓"各付其费"，又称"AA制"。它是就餐结束后，由全体用餐者平均分摊账单，各自支付各自所应支付的费用。在国外，商界人士在共进工作餐时，更多的是以此种方式付费。采用此种付费方式，需要有言在先。在结账时，不管是"主人付费"还是"各付其费"，都要符合本地的习惯。因考虑不周而惹人非议，则明显算是做东者的失策。

四、商务仪式礼仪

商务仪式是指在一定场合举行的具有既定程序、已社会规范化了的商务活动。这类活动的目的是通过组织周密、讲求效率的礼仪形式赢得业界交际对象的好感，扩大组织方的知名度和美誉度。商务仪式是商业礼节的具体表现，亦是商务礼仪的一个重要组成部分。常见的商务仪式有商务洽谈仪式、开业仪式、剪彩仪式、签字仪式、开幕闭幕仪式、记者招待会、展览会仪式等。

(一)洽谈礼仪

洽谈亦可被称为谈判,是指不同国家、不同地区、不同行业、不同单位、不同部门为了各自的利益进行有组织、有准备的正式洽商,始终坚持或反复调整各自的目标,以求最终达成某种协议的整个过程。谈判的类型很多,从谈判利益的归属来看,可分为私人谈判、组织谈判和混合型谈判;从参加谈判的人数来看,可分为单独谈判和团体谈判;从谈判内容来看,可分为政治谈判、文化谈判、商务谈判、科技谈判等各专业性谈判和集多种内容的综合性谈判;从谈判的方式来看,可分为正式性谈判和非正式性谈判;等等。

商务洽谈又称商务谈判,是指贸易双方为了促进贸易,或为了解决双方的矛盾争端,并取得或维护各自的经济利益进行的一种双边信息传播沟通行为,其最终目的就是要达成一项对双方都有利的协议。

1.谈判准备阶段礼仪

谈判开始前,必须制定谈判活动在进行形式上的规则,以约束谈判的双方,确保谈判活动的正常进行。通常包括以下几方面的工作。

第一,谈判时间的确定

谈判时间的选择直接影响着谈判的效果。所以在选择时间时应尽量避开身心处于低潮、工作效率较低的时间段。如身体不适时、夏天的午饭后、"逢魔之时"(指傍晚4—6时的体内时间,这段时间是人一天的疲劳在心理上和生理上都已达到了顶峰,心情焦躁疲惫的时间段)等。确定谈判的时间,主要应确定的有:谈判开始的时间、每次谈判的时长、谈判的次数及每次谈判中间休会的时间等。

第二,谈判地点的确定

谈判地点包括一次性谈判的地点和两轮以上的谈判如何合理更换地点。一方面由于商务谈判场所要求较为严肃、安静;另一方面由于人类比其他动物更有"场地优势感",所以,谈判的场所通常是双方轮流或设立在中立的第三方处。如果在己方场所谈判,则要安排好对方的食宿,努力为对方创造一个良好舒适的环境,以尽地主之谊。

谈判地点还包括环境的选择与布置。一般来说,谈判场所要具备起码的灯光、取暖、通风和隔音条件。整体环境布置要以不使双方谈判人员产生烦躁心情为原则。

第三,谈判人员的确定

谈判人员的确定包括:有哪几方的人参加谈判;各方由什么人、多少人组成;谁是首席谈判代表;各谈判代表应具备什么条件;各有什么义务与权利。

组建一支精干的谈判队伍。谈判人员不仅要有较丰富的专业知识,而且要受过一定的谈判技巧训练,有一定的谈判经验。同时,谈判人员的仪表衣着应统一、整洁、大方,反映出谈判者良好的个人素质和齐心协力的整体印象。

例如,一宗较大的涉外商务谈判,规定参加人员是五人,一般的人员配备是:

一位与对方主谈人员身份、地位、权力及政策水平相当的主谈手；

一位对相关业务熟练的经济师或会计师；

一位熟悉相关法律、政策的律师；

一位熟悉生产、设备与技术的工程师；

一位精通双方语言，熟悉相关专业知识与专业术语的翻译。

尽量掌握对方人员的人员构成、文化背景、礼仪习惯及业务情况，以确保自己在谈判中取得主动权。

第四，商务谈判座次的确定

传统的、正规的谈判所采取的形式是安排方桌或长条形会议桌，双方谈判人员面对面而坐。这样的形式庄重而严肃。如果谈判主题不是很严肃的话，也可以采用圆桌，大家团团而坐，以营造一种和谐一致的气氛。

谈判人员座次的安排，首先是主、客方位的安排。传统的安排是长条形谈判桌面门横着摆放，依据"面门为上"的座次原则，让客方面对门而坐，己方则坐在背靠门的位置（见图7-1）。也有因场地的原因，长条形谈判桌竖着面门摆放的，主、客方的安排则依据"以右为上"的原则，让客方坐在谈判桌的右侧。这个右的确定，不是按传统的方法：人在室内，面向门来分左右。而是站在门口，按照进门的方向来分左右（见图7-2）。

座次安排的另一个方面是指一方内部的座次位置，通常是主谈手居中，其余人员分左右依次而坐（见图7-3）。

```
┌─────────────────────────┐
│       客方              │
│  ┌───────────────────┐  │
│  │     谈判桌        │  │
│  └───────────────────┘  │
│       主方              │
└──────── 正门 ───────────┘
```

图7-1

```
┌─────────────────────────┐
│         ┌─────┐         │
│         │ 谈  │         │
│   主    │ 判  │   客    │
│   方    │ 桌  │   方    │
│         └─────┘         │
│                         │
└────────  正门  ─────────┘
```

图7-2

　　④　　②　　①　　③　　⑤

┌─────────────────────────┐
│   谈   判   桌   │
└─────────────────────────┘

　　⑤　　③　　①　　②　　④

图7-3

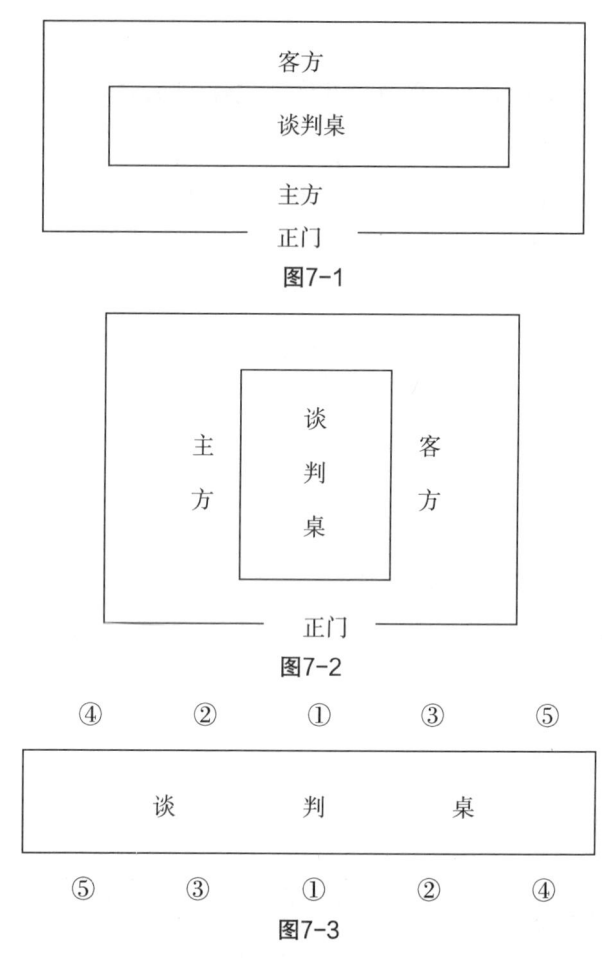

说明：

①首席谈判员；

②副主谈（涉外谈判中，为翻译位置）；

③三号谈判手（涉外谈判中，为副主谈）；

④四号谈判员；

⑤五号谈判员。

第五，谈判程序的确定

谈判的程序主要包括谈判的议程安排，各议题的讨论次序以及各议题分别占用的时间安排。

谈判程序的安排对后期的谈判有很大影响，它可以使一方借助有利的谈判顺序掌握主动权，控制整个谈判局势。所以有经验的谈判者要么积极争取由己方先行草拟谈判程序的方案，要么事先就周密地审议对手所制定的谈判程序。

2. 谈判过程中的礼仪

第一，谈判之初

谈判双方接触的第一印象十分重要，言谈举止要尽可能营造出友好、轻松的良好谈判气氛。做自我介绍时要自然大方，不可露傲慢之意。被介绍到的人应起立一下微笑示意，可以礼貌地道"幸会""请多关照"之类的话。询问对方要客气，如"请教尊姓大名"等。如有名片，要双手接递。介绍完毕，可选择双方共同感兴趣的话题进行交谈。稍做寒暄，以沟通感情，营造和谐气氛。谈判之初的姿态动作也对谈判氛围起着重大作用。注视对方时，目光应停留于对方双眼至前额的三角区域正方，这样使对方感到被关注，觉得你态度诚恳。手势自然，不宜乱打手势，以免造成轻浮之感。切忌双臂在胸前交叉，那样显得十分傲慢无礼。谈判之初的重要任务是摸清对方的底细，因此要认真听对方谈话，细心观察对方举止表情，并适当给予回应，这样既可了解对方意图，又可表现出尊重与礼貌。

第二，谈判之中

这是谈判的实质性阶段，主要是报价、查询、磋商、解决矛盾、处理冷场。

报价——要明确无误,恪守信用,不欺蒙对方。在谈判中报价不得变幻不定,对方一旦接受价格,即不再更改。

查询——事先要准备好有关问题,选择气氛和谐时提出,态度要开诚布公。切忌气氛比较冷淡或紧张时进行查询,言辞不可过激或追问不休,以免引起对方反感甚至恼怒。但对原则性问题应当力争不让。对方回答查问时不宜随意打断,答完时要向解答者表示谢意。

磋商——讨价还价事关双方利益,容易因情急而失礼,因此更要注意保持风度,发言措词应文明礼貌,心平气和,求大同存小异。

解决矛盾——要就事论事,保持耐心冷静,不可一发生矛盾就怒气冲冲,甚至进行人身攻击或侮辱对方。

处理冷场——此时主方要灵活处理,或主动提出话题,不要让冷场持续过长;或暂时转移话题,稍做松弛。如果确实已无话可说,则应当机立断,暂时中止谈判,稍做休息后再重新进行。

第三,谈后签约

签约仪式上,要注意签字人员的礼仪和签字仪式的礼仪,签字后一定要取得法律公证部门的公证。

(二)签字仪式礼仪

签字仪式,也叫签约仪式,它是各组织之间通过谈判,就某些重大问题达成一致后,为了确保口头协议的合法性而签订协议的仪式,是商务活动的重要组成部分。签字仪式往往时间不长,但由于它涉及各方面关系,往往是谈判成功的一个标志,因此一定要筹办得十分认真。

1.做好仪式准备工作

第一，人员确定

出席签字仪式的人员，应基本是参加谈判的全体人员。一般由缔约双方约定，身份大体相当，人数上也应大致相等。如果其中一方为表示重视，安排较高级的领导出席，另一方应表示理解和同意。

第二，文本准备工作

签字文本的准备，包括文本的定稿、翻译、校对、印刷、装订等工作。同时准备好签字用的文具等物品。

第三，签字厅的布置

我国举行签字仪式，一般在签字厅内设置长方桌一张，作为签字桌。桌面覆盖深绿色台呢，桌后放两把椅子，作为双方签字的座位，面对正门主左客右。座前摆的是各自的文本，文本上端分别放置签字的文具。国际商务谈判协议的签字桌中间摆一个旗架，悬挂签字国双方的国旗。签字仪式的座次安排见图7-4。

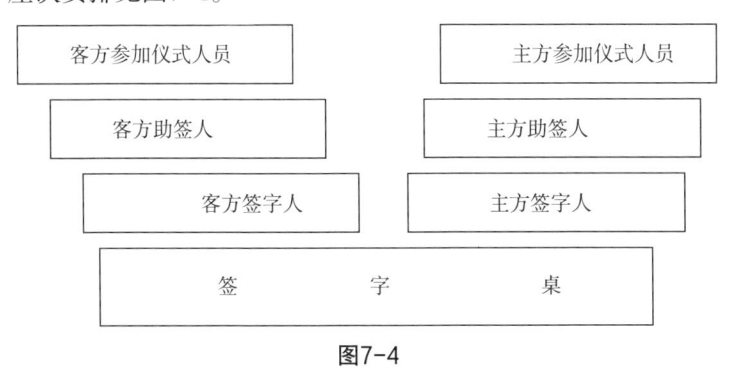

客方参加仪式人员	主方参加仪式人员
客方助签人	主方助签人
客方签字人	主方签字人
签　　字　　桌	

图7-4

2.签字仪式的程序

双方参加签字的人员进入签字厅。当签字人员入座时，双方都应设有助签人员，分立在各自一方代表签约人外侧，其余人排列站立在各自一方代表身后。其他人员分主方、客方，按身份顺序排列于各方的签字人员座位之后。

主签人在签完己方保存的文本后，由助签人员互相传递文本，再在对方保存的文本上签字，然后由双方签字人交换文本，相互握手。

签字完毕后，双方应同时起立，交换文本，并相互握手，祝贺合作成功。其他随行人员则应该以热烈的掌声表示喜悦和祝贺。

（三）开幕仪式礼仪

开幕仪式是指为第一次与公众见面的产品或事件而举行的庆典活动。广义的开幕仪式包括开工、竣工、开业、开展等庆典活动。办好一次开幕庆典，应做好以下几项工作。

第一，要做好舆论宣传工作。既然举办开幕仪式的主旨在于塑造本单位的良好形象，那么就要对其进行必不可少的舆论宣传，以吸引社会各界对自己的注意，争取社会公众对自己的认可或接受。为此要做的常规工作如下。一是选择有效的大众传播媒介，进行集中性的广告宣传。其内容多为：开幕仪式举行的日期、开幕仪式举行的地点、开幕之际对顾客的优惠、开幕单位的经营特色等。二是邀请有关的大众传播界人士在开幕仪式举行之时到场进行采访、报告，以便对本单位进行进一步的正面宣传。

第二，要做好来宾邀请工作。开幕仪式影响的大小，实际上往往取决于来宾身份的高低与其数量的多少。在力所能及的条件下，要力争多邀请一些来宾参加开幕仪式。地方领导、上级主管部门与地方职能管理部门的领导、合作单位与同行单位的领导、社会团体的负责人、社会贤达、媒体人员，都是邀请时应予优先考虑的重点。为慎重起见，用以邀请来宾的请柬应认真书写，并应装入精美的信封，由专人提前送达对方手中，以便对方早做安排。

第三，要做好场地布置工作。开幕仪式多在开幕现场举行，其场地可以是正门之外的广场，也可以是正门之内的大厅。按惯例，举行开业仪式时宾主一律站立，故一般不布置主席台或座椅。为显示隆重与敬客，可在来宾尤其是贵宾站立之处铺设红色地毯，并在场地四周悬挂横幅、标语、气球、彩带、宫灯。此外，还应当在醒目之处摆放来宾赠送的花篮、牌匾。来宾的签到簿、本单位的宣传材料、待客的饮料等，亦须提前备好。对于音响、照明设备以及开业仪式举行之时所需使用的用具、设备，必须事先认真进行检查、调试，以防其在使用时出现差错。

第四，要做好接待服务工作。在举行开幕仪式的现场，一定要有专人负责来宾的接待服务工作。除了要教育本单位的全体员工在来宾的面前，人人都要以主人翁的身份热情待客，有求必应，主动相助之外，更重要的是分工负责，各尽其职。在接待贵宾时，需由本单位主要负责人亲自出面。在接待其他来宾时，则可由本单位的礼仪小姐负责此事。要为来宾准备好专用的停车场、休息室，并应为其安排饮食。

第五，要做好礼品馈赠工作。举行开幕仪式时赠予来宾的礼品，一般属于宣传性传播媒介的范畴之内。若能选择得当，必定会产生良好的效果。根据常规，向来宾赠送的礼品应具有如下三大特征。其一，是宣传性。可选用本单位的产品，也可在礼品及其包装上印有本单位的企业标志、广告用语、产品图案、开业日期等。其二，荣誉性。礼品应具有一定的纪念意义，并且使拥有者对其珍惜、重视，并为之感到光荣和自豪。其三，独特性。礼品应当与众不同，具有本单位的鲜明特色，使人一目了然，过目不忘。

第六，要做好程序拟定工作。从总体上来看，开幕仪式大都由开场、过程、结局三大基本程序所构成。开场，即奏乐，邀请来宾就位，宣布仪式正式开始，介绍主要来宾。过程，是开业仪式的核心内容，它通常包括本单位负责人讲话，来宾代表致词，启动某项开业标志，等等。结局，则包括开业仪式结束后，宾主一同进行现场参观、联欢、座谈等。它是开幕仪式必不可少的尾声。为使开业仪式顺利进行，在筹备之时，必须要认真拟出整体程序，并选定好称职的仪式主持人。

开幕仪式的主要程序共有六项。第一项，宣布仪式开始，全体肃立，介绍来宾。第二项，邀请专人揭幕或剪彩。揭幕的具体做法如下。揭幕人行至彩幕前恭位，礼仪小姐双手将开启彩幕的彩索递交给对方。揭幕人随之目视彩幕，双手拉启彩索，令其展开彩幕。全场目视彩幕，鼓掌并奏乐。第三项，在主人的亲自引导下，全体到场者依次进入幕门。第四项，主人致辞答谢。第五项，来宾代表发言祝贺。第六项，主人陪同来宾进行参观。对外营业或对外展览宣告开始，正式接待顾客或观众的到来。

（四）剪彩仪式礼仪

剪彩仪式是指为了具有纪念意义的事件而举行的热烈隆

重的庆典活动。剪彩用的红色缎带称为"彩",作为主角,它自然是众人瞩目之处。按照传统做法,它应当由一整匹未曾使用过的红色绸缎,在中间结成数朵花团而成。目前,有些单位为了厉行节约,而代之以长度为两米左右的细窄的红色缎带,或者以红布条、红线绳、红纸条作为其变通,也是可行的。一般来说,红色缎带上所结的花团,不仅要生动、硕大、醒目,而且其具体数目往往还同现场剪彩者的人数直接相关。循例,红色缎带上所结的花团的具体数目有两类模式可依。一是花团的数目较场剪彩者的人数多一个。一是花团的数目较现场剪彩者的人数少一个。前者可使每位剪彩者总是处于两朵花团之间,尤显正式。后者则不同常规,亦有新意。

◎ 小资料:"剪彩"的由来

据历史记载,剪彩的头一次亮相是在1912年,地点是美国圣安东尼奥州的华狄密镇。而那位因发明剪彩仪式而一时出尽风头的店主,叫作威尔斯。当时,这家商店即将开业,店主为了阻止闻讯之后蜂拥而至的顾客在正式营业前耐不住性子,争先恐后地闯入店内,将用以优惠顾客的便宜货争购一空,而使守时而来的人得不到公平的待遇,便随便找来一条布带子拴在门框上。谁曾料到这项临时性的措施竟然更加激发起了挤在店门之外的人们的好奇心,促使他们更想早一点进入店内,对行将出售的商品先睹为快。

事也凑巧,正当店门之外的人们的好奇心上升到极点,显得有些迫不及待的时候,店主的小女儿牵着一条小狗突然从店里跑了出来，那条"不谙世事"的可爱的小狗若无其事地将拴在店门上的布带子碰落在地。店外不明真相的人们误以为这是该店为了开张志喜所搞的"新把戏"，于是立即一拥而入，大肆抢购。让店主转怒为喜的是，他的这家小店在开业之日的生意居然红火得令人难以想象。

向来有些迷信的他便追根溯源地对此进行了一番"反思"，最后他认定，自己的好运气全是由那条被小女儿的小狗碰落在地的布带子所带来的。因此，此后在他旗下的几家"连锁店"陆续开业时，他便将错就错地如法炮制。久而久之，他的小女儿和小狗无意中的"发明创造"，经过他和后人不断地"提炼升华"，逐渐成为一整套的仪式。它先是在全美，后是在全世界广为流传开来。在流传的过程中，它自己也被人们赋予了一个极其响亮的鼎鼎大名——剪彩。

在组织剪彩仪式时，没有必要一味地求新、求异、求轰动，而脱离自己的实际能力。勤俭持家，无论何时何地都是商界人士所必须铭记在心的。

1. 剪彩仪式的准备

首先，剪彩的准备必须一丝不苟。这些准备涉及场地的布置、环境的卫生、灯光与音响的准备、媒体的邀请、人员的培训等。在做这些准备时，必须认真细致、精益求精。除此之外，尤其应对剪彩仪式上所需使用的某些特殊用具，诸如红色缎带、新剪刀、白色薄纱手套、托盘以及红色地毯，进行仔细的选择与准备。

其次，剪彩的人员必须审慎选定。对剪彩人员必须认真进行选择，并于事先进行必要的培训。除主持人之外，剪彩的人员主要是由剪彩者与助剪者等两个主要部分的人员所构成的。下面分别简要介绍对他们的礼仪要求。

在剪彩仪式上担任剪彩者，是一种很高的荣誉。剪彩仪式档次的高低，往往也同剪彩者的身份密切相关。根据惯例，剪彩者可以是一个人，也可以是几个人，但是一般不应多于五人。通常，剪彩者多由上级领导、合作伙伴、社会名流、员工代表或客户代表所担任。

确定剪彩者名单，必须是在剪彩仪式正式举行之前。名单一经确定，即应尽早告知对方，使其有所准备。在一般情况下，确定剪彩者时，必须尊重对方个人意见，切勿勉强对方。需要由数人同时担任剪彩者时，应分别告知每位剪彩者届时他将与何人同担此任，这样做是对剪彩者的一种尊重。千万不要"临阵磨枪"，在剪彩开始前方才强拉硬拽，临时找人凑数。必要时，可在剪彩仪式举行前，将剪彩者集中在一起，告知对方有关的注意事项，并稍事训练。按照常规，剪彩者应着套装、套裙或制服，将头发梳理整齐。不允许戴帽子，戴墨镜，穿着便装。

若剪彩者仅为一人，则其剪彩时居中而立即可。若剪彩者不止一人，同时上场剪彩时位次的尊卑就必须予以重视。一般的规矩是：中间高于两侧，右侧高于左侧，距离中间站立者愈远位次便愈低，即主剪者应居于中央的位置。需要说明的是，之所以规定剪彩者的位次"右侧高于左侧"，主要是因为这是一项国际惯例，剪彩仪式理当遵守。其实，若剪彩仪式并无外宾参加，执行我国"左侧高于右侧"的传统作法，亦无不可。

助剪者，指的是在剪彩者剪彩的一系列过程中从旁为其提供帮助的人员。一般而言，助剪者多由东道主一方的女职员担任。现在，人们对她们的常规称呼是礼仪小姐。

在正常情况下，剪彩仪式应在行将启用的建筑、工程或者展销会、博览会的现场举行。正门外的广场、正门内的大厅，都是可予优先考虑的。在活动现场，可略做装饰。在剪彩之处悬挂写有剪彩仪式的具体名称的大型横幅，更是必不可少的。

2. 剪彩仪式的程序

一般来说，剪彩仪式宜紧凑，忌拖沓，所耗时间愈短愈好。短则一刻钟即可，长则至多不宜超过一个小时。按照惯例，剪彩既可以是开业仪式中的一项具体程序，也可以独立出来，由其自身的一系列程序所组成。独立而行的剪彩仪式，通常应包含如下六项基本程序。

第一项，请来宾就位。在剪彩仪式上，通常只为剪彩者、来宾和本单位的负责人安排座席。在剪彩仪式开始时，即应敬请大家在已排好顺序的座位上就座。在一般情况下，剪彩者应就座于前排。若其不止一人时，则应使之按照剪彩时的具体顺序就座。

第二项，宣布仪式正式开始。在主持人宣布仪式开始后，乐队应演奏音乐，现场可燃放鞭炮，全体到场者应热烈鼓掌。此后，主持人应向全体到场者介绍到场的重要来宾。

第三项，奏国歌。此刻须全场起立。必要时，亦可随之演奏本单位标志性歌曲。

第四项，来宾代表与本单位领导致词。发言者依次应为东道主单位的代表、上级主管部门的代表、地方政府的代表、合作单位的代表等。其内容应言简意赅，每人不超过三分钟，重点分别应为介绍、道谢与致贺。

第五项，进行剪彩。此刻，须向全体到场者介绍剪彩者，全场应热烈鼓掌。进行剪彩时，其余来宾和本单位相关人员一般要尾随于剪彩者之后1米至2米处，待剪彩完毕后，和观礼群众一齐鼓掌致意。剪彩的同时，也可以奏乐、燃放烟火、放飞鸽子，以烘托气氛。

第六项，进行参观。剪彩之后，主人应陪同来宾进行参观。仪式至此宣告结束。随后东道主单位可向来宾赠送纪念性礼品，并以自助餐款待全体来宾。

3. 剪彩的礼仪要求

进行正式剪彩时，剪彩者与助剪者的具体做法必须合乎规范，否则就会使其效果大受影响。

当主持人宣告进行剪彩之后，礼仪小姐即应率先登场。在上场时，礼仪小姐应排成一行行进。从两侧同时登台，或是从右侧登台均可。登台之后，拉彩者与捧花者应当站成一行，拉彩者处于两端拉直红色缎带，捧花者各自双手手捧一朵花团。托盘者须站立在拉彩者与捧花者身后一米左右，并且自成一行。

在剪彩者登台时，引导者应在其左前方进行引导，使之各就各位。剪彩者登台时，宜从右侧出场。当剪彩者均已到达既定位置之后，托盘者应前行一步，到达前者的右后侧，以便为其递上剪刀、手套。

剪彩者若不止一人，则其登台时亦应列成一行，并且使主剪者行进在前。在主持人向全体到场者介绍剪彩者时，后者应面含微笑向大家欠身或点头致意。

剪彩者行至既定位置之后，应向拉彩者、捧花者含笑致意。当托盘者递上剪刀、手套时，亦应微笑着向对方道谢。

在正式剪彩前，剪彩者应首先向拉彩者、捧花者示意，待其有所准备后，集中精力，右手手持剪刀，表情庄重地将红色缎带一刀剪断。若多名剪彩者同时剪彩，其他剪彩者应注意主剪者动作，与其主动协调一致，力争大家同时将红色缎带剪断。

按照惯例，剪彩以后，红色花团应准确无误地落入托盘者手中的托盘里，而切勿使之坠地。为此，需要捧花者与托盘者的合作。剪彩者在剪彩成功后，可以右手举起剪刀，面向全体到场者致意。然后放下剪刀、手套于托盘之内，举手鼓掌。接下来，可依次与主人握手道喜，并列队在引导者的引导下退场。退场时，一般宜从右侧下台。

待剪彩者退场后，其他礼仪小姐方可列队由右侧退场。

不管是剪彩者还是助剪者在上下场时，都要注意井然有序、步履稳健、神态自然。在剪彩过程中，更是要表现得不卑不亢、落落大方。

（五）记者招待会礼仪

记者招待会也称新闻发布会，是一种形式较为正规严肃的公共关系活动。通常是因为政府、企业、社会团体或个人为了宣布某一重大决定或消息，而召集有关的新闻媒体记者广而告之。同时媒体记者可以就此问题提问，组织方将一一进行解答的一种特殊会议。记者招待会是一种会直接影响举办组织知名度和美誉度的活动形式,所以,举办者不管是在会前,还是在会中、会后都要做好各项工作,以确保记者招待会的成功和组织声誉不受破坏。

1.会前的准备工作

第一,要充分论证会议主题。明确记者招待会的目的,从各方面的利益角度出发,全面综合地考虑是否具有召开记者招待会的必要性。

第二,精心挑选主持人和发言人。因为记者招待会的临场性和随机性特征明显,变数太大,所以主持人和发言人不仅要对情况和政策了解得比较透彻,而且要思维敏捷,口齿伶俐,能够快速自如地应付记者的各种问题和意外事件的发生。

第三,准备齐全会议所需的各种材料,包括为记者准备的文字、实物、图片等资料。

第四,确定参加会议的媒体名单和合适的会议场所。根据组织方所需要的影响度和会议主题可能的影响范围邀请相应的新闻媒体记者。媒体名单一旦确定后,要注意提前一周发出请柬。

2.会中的程序安排

常见的记者招待会程序有如下几项:

第一,核实身份,来宾在签到簿上签名。这个程序是为了保证会议的正常秩序,避免闲杂人等混入;

第二,向与会者发放相关资料,并安排已签到的来宾到会场就座;

第三，会议组织方宣布会议开始，简要阐明此次会议召开的原因、所要发布的信息并宣布会议议程；

第四，组织方发言人讲话并回答记者提问。这是整个会议的中心环节，要注意把握好时间，每个问题的回答时间不要过长，应尽量多地回答不同记者的提问；

第五，提问结束，再一次说明会议主题并感谢各媒体记者的光临。会议结束后，可视情况邀请记者参观或共进午餐或晚餐。

3. 会后的工作处理

会后工作的重点是：

第一，收集每位到会记者的报道，检查报道的真实性，如有报道失实的情况，应尽快补救。同时对如实报道的记者通过一定的方式表示感谢；

第二，统计此次据实报道的到会记者名单，以作为下次记者招待会邀请的对象；

第三，公关活动策划人员要学会总结经验教训，将会议记录、会后新闻报道和总结材料归档，以备今后工作之用。

（六）展览会礼仪

所谓展览会，对商界而言，主要是特指有关方面为了介绍本单位的业绩，展示本单位的成果，推销本单位的产品、技术或专利，而以集中陈列实物、模型、文字、图表、影像资料供人参观了解的形式，所组织的宣传性聚会。有时，人们也将其简称为展览，或称之为展示、展示会。展览会礼仪，通常是指商界单位在组织、参加展览会时，所应当遵循的规范与惯例。现分别对其介绍如下。

1. 组织展览会

一般的展览会，既可以由参展单位自行组织，也可以由社会上的专门机构出面张罗。不论组织者由谁来担任，都必须认真做好具体的工作，力求使展览会取得完美的效果。根据惯例，展览会的组织者需要重点进行的具体工作，主要包括参展单位的确定、展览内容的宣传、展示位置的分配、安全保卫的事项、辅助的服务项目等。

第一，参展单位的确定。一旦决定举办展览会，由什么单位来参加的问题，通常都是非常之重要的。在具体考虑参展单位的时候，必须注意两厢情愿，不得勉强。按照商务礼仪的要求，主办单位事先应以适当的方式，向拟参展单位发出正式的邀请。对于报名参展单位，主办单位应根据展览会的主题与具体条件进行必要的审核。切勿衣莠不分，来者不拒。当参展单位的正式名单确定之后，主办单位应及时地以专函进行通知，令被批准参展的单位尽早有所准备。

第二，展览内容的宣传。为了引起社会各界对展览会的重视，并且尽量地扩大其影响，主办单位有必要对其进行大力宣传。宣传的重点，应当是展览的内容，即展览会的展示陈列之物，因为只有它，才能真正吸引各界人士的注意和兴趣。

对展览会，尤其是对展览内容所进行的宣传，主要可以采用下述几种方式：其一，举办新闻发布会；其二，邀请新闻界人士到场进行参观采访；其三，发表有关展览会的新闻稿；其四，公开刊发广告；其五，张贴有关展览会的宣传画；其六，在展览会现场散发宣传性材料和纪念品；其七，在举办地悬挂彩旗、彩带或横幅；其八，利用升空的彩色气球和飞艇进行宣传。以上八种方式，可以只择其一，亦可多种同时并用。在具体进行选择时，一定要量力行事，并且要严守法纪，注意安全。

第三，展示位置的分配。对展览会的组织者来讲，展览现场的规划与布置，通常是其重要职责之一。在布置展览现场时，基本的要求：展示陈列的各种展品要围绕既定的主题，进行互为衬托的合理组合与搭配。要在整体上显得井然有序、浑然一体。

在一般情况下，展览会的组织者要想尽一切办法充分满足参展单位关于展位的合理要求。假如参展单位较多，并且对于较为理想的展位竞争较为激烈的话，则展览会的组织者可依照展览会的惯例，对展位进行合理的分配。

第四，安全保卫的事项。无论展览会举办地的社会治安环境如何，组织者对于有关的安全保卫事项均应认真对待，免得由于事前考虑不周而麻烦丛生，或是"大意失荆州"。在举办展览会前，必须依法履行常规的报批手续。此外，组织者还须主动将展览会的举办详情向当地公安部门进行通报，求得其理解、支持与配合。

第五，辅助的服务项目。主办单位作为展览会的组织者，有义务为参展单位提供一切必要的辅助性服务项目。由展览会的组织者为参展单位提供的各项辅助性服务项目，最好有言在先，并且对有关费用的支付进行详尽的说明。

2. 参加展览会

参展单位在正式参加展览会时，必须要求自己的全部派出人员齐心协力、同心同德，为大获全胜而努力奋斗。在整体形象、待人礼貌、解说技巧三个主要方面，参展单位尤其要予以特别的重视。

第一，要努力维护整体形象。在参与展览时，参展单位的整体形象直接映入观众的眼里，因而对自己参展的成败影响极大。参展单位的整体形象，主要由展示之物的形象与工作人员的形象两个部分所构成。对于二者要给予同等的重视，不可偏废其一。

展示之物的形象，主要由展品的外观、展品的质量、展品的陈列、展位的布置、发放的资料等构成。用以进行展览的展品，外观上要力求完美无缺，质量上要优中选优，陈列上要既整齐美观又讲究主次，布置上要兼顾主题的突出与观众的注意力，而用以在展览会上向观众直接散发的有关资料，则要印刷精美、图文并茂、资讯丰富，并且注有参展单位的主要联络方式，如公关部门与销售部门的电话、电报、电传、传真以及电子邮箱的号码等。

工作人员的形象，则主要是指在展览会上直接代表参展单位露面的人员的穿着打扮问题。在一般情况下，要求在展位上工作的人员应当统一着装。最佳的选择，是身穿本单位的制服，或者是穿深色的西装、套裙。在大型的展览会上，参展单位若安排专人迎送宾客时，则最好请其身穿色彩鲜艳的单色旗袍，并胸披写有参展单位或其主打展品名称的大红色绶带。为了说明各自的身份，全体工作人员皆应在左胸佩戴标明本人单位、职务、姓名的胸卡，唯有礼仪小姐可以例外。按照惯例，工作人员不应佩戴首饰，但男士应当剃须，女士则最好化淡妆。

第二，要时时注意待人礼貌。在展览会上，不管是宣传型展览会还是销售型展览会，参展单位的工作人员都必须真正地意识到观众是自己的上帝，为其热情而竭诚地服务则是自己的天职。为此，全体工作人员都要将礼貌待人放在心坎上，并且落实在行动上。展览一旦正式开始，全体参展单位的工作人员即应各就各位，站立迎宾。不允许迟到、早退、无故脱岗、东游西逛，更不允许在观众到来之时坐、卧不起，怠慢对方。

第三，要善于运用解说技巧。解说技巧，此处主要是指参展单位的工作人员在向观众介绍或说明展品时，所应当掌握的基本方法和技能。具体而论，在宣传性展览会与销售性展览会上，其解说技巧既有共性可循，又有各自的不同之处。

在宣传性展览会与销售性展览会上，解说技巧的共性在于：要善于因人而异，使解说具有针对性。与此同时，要突出自己展品的特色。在实事求是的前提下，要注意对其扬长避短，强调"人无我有"之处。在必要时，还可邀请观众亲自动手操作，或由工作人员对其进行现场示范。此外，还可安排观众观看与展品相关的影视片，并向其提供说明材料与单位名片。通常，说明材料与单位名片应常备于展台之上，由观众自取。

进而言之，宣传型展览会与销售型展览会的解说技巧，又有一些不同之处。在宣传型展览会上，解说的重点应当放在推广参展单位的形象之上。要善于使解说围绕着参展单位与公众的双向沟通而进行，时时刻刻都应大力宣传本单位的成就和理念，以便使公众对参展单位给予认可。而在销售型展览会上，解说的重点则必须放在主要展品的介绍与推销之上。按照国外的常规说法，解说时一定要注意"FABE"并重，其中，"F"指展品特征，"A"指展品优点，"B"指客户利益，"E"指可资证据。要求工作人员在销售性展览会上向观众进行解说之时，注意"FABE"并重，就是要求其解说应当以客户利益为重，要在提供有利证据的前提之下，着重强调自己所介绍、推销的展品的主要特征与主要优点，以争取使客户觉得言之有理，乐于接受。不过，争抢、尾随观众兜售展品，弄虚作假，或是强行向观众推介展品，则不可取。

第八讲 社区家庭礼仪

一、家庭礼仪的概述

（一）家庭礼仪的内涵

1. 家庭礼仪的定义

家庭礼仪是指建立在家庭内，为了建立和维护正常、和谐、良好的家庭关系而约定俗成的一系列行为规范要求的总和。家庭礼仪所规范的对象是家庭生活活动模式和家庭成员之间的交往行为方式。

一个具体的家庭是有其生命周期的。在家庭的形成、发展、解体和消亡的过程中，往往要进行一些规范性的活动，如结婚、婴儿降生（及此后对这一降生的纪念）、家庭成员的离世、对已故家庭成员的纪念等。家庭礼仪就是对这些活动的内容与形式、程序的规定。家庭内部成员的关系也各有不同，如夫妻关系、父子关系、母子关系、祖孙关系、其他旁系血亲关系，此外还有不同家庭之间的关系。处于不同家庭关系中的当事人应当如何进行交往活动，也需要家庭礼仪加以规范。

由于对家庭礼仪概念的理解不尽相同,人们对于家庭礼仪包含了哪些具体内容还没有形成一致观点。一般认为可以包括以下方面:家庭成员关系礼仪、家人和亲属的称谓礼仪、邻里交往礼仪、家庭间互访礼仪、家庭日常生活礼仪(如用餐礼仪)、家庭仪式等。

2. 家庭礼仪的价值

家人之间也需要礼仪吗?有的人认为自己家里人之间没有必要讲客套、讲礼仪。其实正好相反,世界上各个国家从古至今,尤其是中国自古以来源远流长的家庭礼仪一直延续着,这一事实本身就说明了家庭礼仪的存在价值。在中国古代的思想家们看来,讲不讲礼仪、礼节,是否遵守礼制,是一个人是否有资格在社会中生存的最重要标准。《诗经·相鼠》中说:"人而无仪,不死何为……人而无礼,胡不遄死?"人作为社会性动物,其生存的根本要件是要维系好各种各样纷繁复杂的社会关系。哪种社会关系没能正确处理好,就会被哪种社会关系所排斥。家庭成员之间的关系也是社会关系的一种,而且是最重要的社会关系。"家和万事兴",古代中国人把良好、和谐的家庭关系看作一切事业兴旺发达的前提。没有规矩,不成方圆。家庭礼仪正是妥善处理和维系这一最重要的社会关系所不可或缺的。正因为如此,中国古代才会提出处理夫妻关系这一家庭里的核心关系也要"相敬如宾"的重要观念。古代也把是否遵守礼仪,尤其是遵守家庭礼仪,看作一个人是否有"家教"、有"教养"的重要标志。在等级制社会里,社会等级越高的家庭就越注重家庭礼仪。不同的家庭礼仪成为区分社会等级的一种重要的外在标志。《红楼梦》里林黛玉到了外婆家荣国府,"处处留心时时在意",正是出于要遵循"大户人家"的礼仪规范,以免遭到他人的负面评价和排斥。

3. 家庭礼仪与其他礼仪的关系

由于礼仪规范着各种各样的社会关系,也就可以划分出不同领域和类型的礼仪。家庭礼仪是礼仪的一种,是整个社会礼仪体系中不可缺少的组成部分。

家庭礼仪与其他礼仪所规定的内容不同。不同的礼仪界定的是不同的社会关系。家庭礼仪界定的是家庭关系。家庭关系是最为亲密的社会关系,是一种以血缘关系为基础的、包含感情的社会关系。因而家庭礼仪除了一般礼仪所含有的尊敬、尊重的因素之外,还包含了家庭成员之间的特殊感情:亲情和爱情。如果说很多其他礼仪所代表的社会关系是发生在陌生人之间,就算没有感情也可以行礼如仪的话,那么,没有感情的家庭礼仪是不可想象的。

通过家庭礼仪的进行,家庭成员维系并增进彼此的感情、巩固家庭关系、加强家庭的内部沟通、强化家庭身份和角色认同和对家庭的归属感、形成人生中最重要的也是终生的生活与命运的共同体。因此也可以说,家庭礼仪相比起其他的礼仪具有较强的排他性,只有在具有血缘或婚姻纽带的人们之间才有进行家庭礼仪的可能。

4. 家庭礼仪与家庭制度的关系

家庭制度是对家庭关系的一种明确的、强制性的约定。如婚姻制度约定的是在一定社会范围内,何种形式的男女关系是为社会所承认和接受的，现代社会通行的婚姻制度是以男方为主的一夫一妻制；财产制度约定家庭成员之间对家庭财产的支配权；生产制度约定在家庭生产中的主从关系（这一关系也常常延伸到日常家庭生活中）；还有继承制度；等等。而家庭礼仪则是这些家庭关系的强化和体现。如婚姻礼仪是在婚姻制度确定的前提之下，规定特定的男女双方如何从普通的社会关系转化为特殊的夫妻关系，这一过程要经历哪些环节，各个环节涉及哪些当事人，当事人之间应该进行哪些活动以及这些活动的细节等（现代社会的婚姻礼仪或许还应该包括男女双方如何解除夫妻关系，即由单纯的结婚礼仪扩展为离婚礼仪）。

就像结婚礼仪可以采用中式婚礼、西式婚礼、旅行婚礼一样，特定的家庭关系、家庭制度也往往对应不同的礼仪形式。而有的时候在某些家庭中，家庭关系的确立并没有经过一定的礼仪过程，但是这并不影响这一关系和制度的存在，只不过可能会影响到当事人或周边社会人群对这一关系的认定和评价。

5. 家庭礼仪与家庭伦理的关系

家庭伦理同样是对家庭内部关系的规范，但是这种规范和家庭礼仪在层次上、功能上都有所区别。家庭伦理和其他伦理道德一样，是人们对于人与人关系的一种较为抽象的观念，它所解决的问题是某一家庭关系应当"是什么"。而家庭礼仪则一般规定在某一场景下，如何具体处理特定家庭成员之间的问题，它所解决的问题是为了处理某一家庭关系应当"怎么做"。如夫妻关系，伦理上在古代认为应该是"夫为妻纲",妻子不仅要和丈夫相互尊敬,而且要绝对服从丈夫;而在具体的礼仪上,则从夫妻关系的缔结的各个环节开始就已经处处预示着这种上下尊卑的关系,比如女方的姓名只有夫家通过特定的礼节才能获得而不能为外人所知、新郎向新娘"射箭"、新娘的盖头必须由新郎揭开,都是一再提醒双方丈夫是妻子的主人。而中国古代非常强调的亲子关系伦理——孝,也是通过很多具体的诸如生养死葬、晨省昏定等家庭礼仪的行为规则来体现的。只有相关的当事人在这些繁多的礼仪细节方面都达到了相应的规定之后,社会对家庭伦理的要求才在一个个具体的家庭中真正得到落实。所以,家庭伦理是通过家庭礼仪的履行体现的。家庭伦理与家庭礼仪之间的关系是抽象与具体、内在和外在、理念与行为、目的与实现方式的关系。某种家庭礼仪也只有体现了一定的家庭伦理价值才有真正的意义,否则就是毫无用处的摆设和做秀。

(二)家庭礼仪的渊源

家庭礼仪是一种久远、广泛的社会现象。它之所以产生、存在,如何发展、演变,有其深厚的渊源。家庭礼仪的主要渊源有社会渊源、文化渊源、家庭渊源和礼仪渊源。

1. 社会渊源

人、家庭、礼仪都产生于一定社会基础上。古语云"仓廪实而知礼节",就说明了一定的社会经济条件是礼仪能够存在的前提。某一时代的社会结构、社会形态从根本上限定了人的生存状态,比如受教育水平、统治还是被统治、富裕程度、职业状况等。生存状态则影响着人们的思维方式、生活方式、行为方式。这都会造成处于不同生存状态的家庭的礼仪形式以及对待礼仪的态度会有所不同。

另外，政府政策的变化、社会状态的稳定与否也会对家庭状况会产生较大的影响。比如当今中国的计划生育政策引发了家庭结构自古未有的巨变；社会动荡会导致家庭的解体、家庭成员的死亡或离散、家庭关系的不稳定、社会劳动力的供给不足、男女性别比例严重失调等，这些都严重影响着家庭本身的存续以及附着于其上的家庭礼仪。中国历史上每逢饥荒战乱，都会发生大面积的妻离子散乃至易子而食的人伦惨剧，家庭分崩离析，平时家庭成员之间的脉脉温情到此时都荡然无存，甚至某些人完全退回到动物性的状态，此时家庭礼仪就成为一种奢侈。而当社会动荡暂告一段落的时候，历代统治者都要花大力气扶持家庭、家庭伦理、家庭礼仪的重建。

2. 文化渊源

此处的文化主要指影响家庭礼仪形成和变化的制度与精神层面的文化，比如伦理道德观念、主流意识形态、地方性民族性的风俗习惯、大众文化等。任何一个社会（国家社会或地方社会）都有处于主导地位、支配地位的伦理道德观念和主流意识形态，这是影响家庭礼仪的主要文化因素。比如受儒家思想影响的中国、朝鲜、日本等国的家庭，其家庭礼仪就带有很强的等级色彩和家长制的色彩；而受马克思主义影响较大的国家，其家庭比较强调平等、解放，也比较强调阶级性，则对传统的家庭伦理和家庭礼仪造成了相当大的冲击。家庭又往往是较为长期地定居于某一地方，地方性的风俗习惯就不可避免地要渗透到家庭生活中，使一些较为普遍的家庭礼仪在细节上会带有丰富多彩的地方特色或民族特色。如在我国东部沿海某些地方，举家团圆的重要家庭仪式——中秋节，并不像在其他地方一样是八月十五，而是八月十六；举行婚礼的时候，男方向女方下聘，有的地方要求有猪头，而有些地方要求的则是海鱼等。工商业的发展把很多人卷入了大众文化之中，身处其中的人们往往很难抵御大众文化的强大冲击力，很多日常活动、行为就会受到或明或暗的影响。比如在现今中国，很多人会选择在麦当劳这一类的快餐店庆祝生日、亲友聚会；会有很多人过圣诞节和情人节、在教堂里举行外表上和西方基督徒一样的西式婚礼，而其中大部分人对于这些节日和礼节的内涵不甚了了，更谈不上信基督教。所以他们选择用这种新的方式来进行自己的家庭礼仪，与其说是受西方宗教的影响，不如说只是受到了当下大众文化无所不在的浅层影响。

3. 家庭渊源

家庭是家庭礼仪发挥其功能的场所，家庭关系是家庭礼仪发挥其功能的对象。因此家庭本身的存在是家庭礼仪出现的直接前提。在人类社会的最初阶段，并没有形成稳固的家庭；只有在家庭相对定型之后，家庭礼仪才会随之逐渐成形。

家庭并不是静态的，而是动态的。这种动态既包括宏观上的变迁，也包括每个具体家庭的形成、变化、解体过程。家庭的存续决定了家庭礼仪的存续。同一个家庭在不同的发展阶段，所涉及的家庭生活活动、仪式各不相同，因家庭成员发生变化导致的家庭关系的增减和调整也会影响到家庭成员关系礼仪发生一定的变化。比如在中国古代，亲子关系强调"孝"。但是在不同的人生阶段，子女成年、结婚生子、父母的老去都会影响亲子关系礼仪的履行。

在同等条件下，家庭规模和家庭结构的不同也会对家庭礼仪产生一定的影响。一般情况下，家庭规模较大、家庭结构较为复杂的家庭往往比家庭规模小、家庭结构相对单纯的家庭更注重礼仪的作用，其礼仪规范和要求更严格、更繁杂，因为这种家庭中的成员要处理非常复杂和微妙的家庭关系，需要更为完善的家庭礼仪等手段处理好这些家庭关系。比如最简单的"打招呼"，在一大群家庭成员（乃至加上一些非本家庭人员）同时在场的情况下，应当按怎样的顺序、给予怎样的称谓才能让在场的每个人都感受到自己对对方恰如其分的尊重；一大群家庭成员吃饭、出行，入座的排位、行走时候每个人的位置，都不容有丝毫的差错。另外，在比较讲究等级的家庭里，如果权力和权威比较集中的话，家庭礼仪也会受到这种权力和权威的影响，而不仅仅是原有的较为自然的血缘关系的影响。

家庭生活内容和生活方式也在一定程度上影响着家庭关系，带动家庭礼仪的变化。如由于从事不同的生产，农业家庭、渔业家庭、商业家庭之间的礼仪表现就会各有不同。"商人重利轻别离"，说的就是商人家庭关系由于商人经常外出，影响了与家庭成员之间的感情和关系，在很多家庭礼仪场合也往往缺席。在现代社会中，由于家庭成员往往从事不同的职业，发生因生产劳动而引起的分离，使得现代家庭与古代家庭相比呈现迥然不同的面貌，在这一情况下，曾经一板一眼的古代家庭礼仪自然就很难适应现代家庭的这种变化了。

4. 礼仪渊源

礼仪不仅是具体的行为规范，还会在礼仪发展的基础上形成一定的礼仪观念、礼仪精神，比如对礼仪是否重视、礼仪应当发挥什么样的作用、礼仪应当遵循什么样的原则等。古今中外的礼仪观念、礼仪精神中，礼仪以体现尊重为宗旨，以实现社会关系的和谐为目标，这些是相通的。但是在很多方面仍会有很多的不同和变化。比如在古代社会，人们的礼仪观念中平等、隐私的观念较为淡漠，往往为了强调对对方的尊重而损害了自身的尊严。中国人往往通过自我贬损来表明自己"懂礼节"，如过度的谦虚，听到对方的夸赞不管是否属实只能否认而不能接受，对自己和家人甚至要用"不才""犬子""贱内"相称。而在现代社会，长辈、父母如果想通过私自翻看子女的日记、书信、手机等来表达自己的"关心"，往往会引起子女的抵触，导致家庭冲突。

在每个社会的礼仪体系中，家庭礼仪和其他礼仪之间也通过相互影响、相互制约构成一个整体。由于家庭礼仪并不是最早产生的礼仪，所以当家庭礼仪形成的时候，就要吸取、借鉴其他礼仪的内容和形式，如宗教礼仪、政治礼仪等。对祖先的崇拜是我国古代家庭礼仪的一个显著特征，许多传统节日其实都是为了祭拜祖先，人们还建造祠堂供奉祖先牌位，修家谱、族谱以铭记祖先。这种崇拜就是原始社会祖先崇拜这一宗教礼仪的一种遗留。

(三) 家庭礼仪的形成与发展

顾名思义，家庭礼仪的出现是以家庭的形成为前提的，也会随着家庭和社会的变迁而发展、变化。

由于缺乏充分的证据，人类家庭形成的时间目前还没有定论。我们只能从现存的、保留了较多原始色彩的一些原始部族中观察到其中的一些蛛丝马迹。一般认为最初的人类社会并没有固定的婚姻关系、家庭关系，而是杂乱无章的，也就不存在家庭礼仪。所谓"无亲戚兄弟夫妻男女之别，无上下长幼之道，进退揖让之礼"。只有到了母系氏族时代，慢慢形成以女性为核心的家庭关系，才有了家庭礼仪的萌芽。"伏羲制嫁娶，以俪皮为礼。"父系氏族取代母系氏族的时候，家庭关系已经较为发达、成熟了，有了"君臣上下之义，父子兄弟之礼，夫妇匹配之合"。

进入文明社会以后，氏族组织向宗族发展，而家庭仍然处于依附的地位，没有实现真正的独立。所以这一时期的家庭礼仪往往与宗族的宗法、早期国家的政治礼仪等混杂在一起，更为强调由于血缘的亲疏而形成的宗族内部等级上下之间的尊敬、服从。我国西周初年"分封诸侯""周公制礼"，形成了庞大的政治礼仪——宗族礼仪体系，"礼仪三百，威仪三千"，蔚为大观，为后世礼仪发展留下了丰厚的遗产。

随着社会的发展，宗族的规模、活动范围日益扩大，宗族成员之间的血缘关系日益淡漠，渐渐地失去凝聚力，最终走向解体。而生产的发展使得个体小家庭的独立和发展成为可能。尤为显著的是秦国的商鞅变法确定了小家庭制度，强制子女成家后与父母分家，以保证农业生产的积极性。在这一时代潮流影响下,家庭礼仪也得到了真正的确立和发展。作为思想家也是礼仪学家的孔子,有心固守传统的政治礼仪——宗族礼仪体系,但面对所谓"礼崩乐坏"的局面也无力回天,只能顺势进行变革,通过不断强调"孝"来维持家庭秩序,进而维护等级森严的社会秩序、政治秩序。因而其学说经过汉初的改造后得到统治者的接纳,并发展为"三纲五常"。后来虽然家庭形式有所变化,但这一家庭礼仪体系仍在不断发展,直至宋元以后出现了专门的家庭礼仪著作,如《朱子家礼》。在古代农业社会,没有哪个国家的家庭礼仪能像中国一样,有如此深厚的理论基础、丰富的专门论著、繁多的名目、细致的规则。

如果说在农业社会,古代中国的礼仪文化代表了全世界的最高水平的话,那么在工业社会时代,则是西欧得到了率先的发展。欧洲的现代家庭礼仪脱胎于中世纪的封建贵族家庭礼仪和基督教宗教礼仪,在文艺复兴、宗教改革、启蒙运动引发的人文主义、个人主义、理性主义、自由主义等现代社会思潮的影响之下,经历工业化、商业化大潮的席卷,以贵族家庭和中产阶级家庭引领风气之先,通过西欧各国现代教育体系和文化传播体系的大力推广和教育,得以逐渐形成。由于现代社会变化的持续和剧烈,现代家庭与现代家庭礼仪一直并将继续发生迅速而巨大的变化。

而在中国,近代以来随着传统社会和传统家庭的没落和解体,传统文化受到质疑,尤其是在随之而来的新文化运动和革命文化的影响下,传统礼仪包括家庭礼仪被认为是"礼教杀人"而被抛弃。而西方文化和西方的现代家庭礼仪在很长时间之内又被视为是"资产阶级腐朽生活方式""小资情调"而遭否定。直至近二三十年,整个社会礼仪包括家庭礼仪的恢复、重建才逐步提上议事日程。而要形成真正适合现代中国社会和家庭的现代中国家庭礼仪,还为时尚早。

二、家庭礼仪的特点与功能

(一)家庭礼仪的主要特点

家庭礼仪发生在家庭或与家庭相关的场合,协调和维系着家庭和家庭周边的关系。因此,家庭礼仪具有与其他方面的礼仪不同的一些特点。

1. 普遍性

家庭礼仪的存在不管在时间上、空间上、领域上都具有其他礼仪难以比拟的普遍性。家庭礼仪产生的时间极为久远,从原始社会末期家庭产生以来就有了家庭礼仪。而其他的礼仪往往是在此后发生的社会分工、社会分化的过程中不断产生新的社会角色、社会关系的背景之下慢慢发展起来的。在空间上,世界上所有的国家、民族,只要存在家庭,就存在家庭礼仪。在领域上,很多礼仪类型的专业性较强。只要没有处于这一特定行业之中,就可以不用遵循这一行业的礼仪规范。比如教师礼仪是用于规范教师行为的,其他大部分社会上的人就可以不遵守这一规范。而家庭礼仪则不然。绝大部分人都拥有家庭,处在正常的家庭环境之中,作为家庭成员之一,每个人就应当遵守一定的家庭礼仪规范。

2. 亲密性

家庭礼仪的一个重要特定是包含着家庭成员之间的感

情，体现着家庭成员之间特有的亲密关系。很多其他领域的礼仪可能是与感情无关的，即使当事人之间并不存在感情，也可以发生礼仪行为。餐厅服务员对顾客脸带微笑、轻声细语，只是在遵守她所从事的行业普遍要求的"微笑服务"的规定，并不一定意味着她对顾客产生了感情。而不含感情、违背感情的家庭礼仪是无法想象、无法接受的。如果家庭成员中也存在"口不应心""口蜜腹剑"的虚伪礼仪行为，这是违反人类天性的，因为这将导致人们失去最重要、最根本的归宿感和安全感。如果夫妻间的"举案齐眉"包裹着的是双方的"相敬如冰"，这种装腔作势就没有任何意义。因此，家庭礼仪是以家人之间的感情为基础，并增进家人感情的，而不能与感情相背离。

3. 持久性

家庭关系是持续性、稳定性最为强烈的一种现实社会关系。家庭成员之间的交往行为是持续一生的。就算家人去世或分离，往往感情和关系还将存续，也会发生相应的礼仪行为，比如悼念活动等。而其他方面的礼仪行为很多时候是"一锤子买卖"，是暂时性的、一次性的。店主和买东西的顾客之间的礼仪行为仅仅存续于买卖行为过程中而不会发生扩展。如果顾客只来买过一次东西，那么他们之间的礼仪行为也就只发生一次。因为他们之间的关系存续非常短暂。这种持久性意味着，特定的家庭成员的礼仪行为应该是相对固定、前后一贯的。除非出于无意或客观原因，如果其中一方有意改变了自己的礼仪行为模式，那么双方之间的关系或感情必定发生了某种变化。古语云"日久见人心"。一个人是否真正遵守了家庭礼仪，绝非一朝一夕所能体现，而是要通过日复一日、年复一年的行为，才能判定。而旁人也正是据此判断他对家庭成员的感情如何，与家庭成员的关系如何。

4. 复杂性

家庭礼仪的复杂性首先表现为客观内容上的多样性。家庭关系是一种全方位的关系。家庭成员之间朝夕相处，其交往和生活内容涉及方方面面，因而其礼仪的内容也随着交往和生活的内容、场景的变换而提出不同的要求。从主体上看，家庭成员在家庭中所扮演的角色也不是单一的，而是复合的、多重的，同一个人在不同的家庭成员面前所要扮演的角色不同、从事的交往不同，对其提出的礼仪规范的要求就会有很大的区别，比如男性在分别扮演丈夫、儿子、父亲的角色时，他履行的职责和礼仪行为就绝不能够混淆；更何况家庭成员随着年龄的增长，所扮演的角色又会产生新的变化，他所应遵循的礼仪规范也要随之而调整。在这些方面，家庭礼仪比起其他的礼仪要来得更为复杂。因为其他的礼仪往往只表示一种社会关系、包含单一的礼仪内容，对当事人的角色要求也是比较单纯的，相形之下就显得"简单"。而家庭礼仪和其他礼仪在复杂性方面表现得较为一致的一点是，它们都会随着地域、文化、时代背景和社会风气等外部因素的变迁而发生变化。当然，不同家庭内部因其客观条件和主观观念的不同，在内容和要求上也会呈现出一定的差别。

（二）家庭礼仪的基本功能

家庭礼仪作为一种普遍的社会行为规范，之所以能够存在和延续，是因为家庭礼仪可以满足和实现社会个体、群体和全体的许多需求，发挥社会、道德、文化等多方面的功能。

1. 社会整合功能

从社会的角度来看，家庭礼仪的基本功能是整合。家庭礼仪是维系和谐的家庭关系的必要手段。和其他许多的社会矛盾、社会冲突一样，家庭内部的矛盾和冲突除了利益的原因或观念的原因，很多时候仅仅是因为沟通的原因。在大多数时候，家庭成员之间是同舟共济的，完全不存在根本性的矛盾冲突。但是由于不注意方式方法，往往导致无风起浪，小事变大事。因为沟通方式的不当而引发的冲突往往会引起彼此间的心理不平衡，诸如为什么对外人能心平气和、彬彬有礼，对家里人反而态度恶劣。从沟通的角度来说，成功有效的沟通往往不取决于内容，而取决于态度和方式。如果家庭成员之间也能注重礼仪，以平和的心态、足够的尊重、适当的方式相互沟通，则大部分家常的"鸡毛蒜皮"的小矛盾可以消弭于无形。在良好的家庭气氛中，家人的心态会越来越好，沟通会越来越有效。"家和万事兴"，注重礼仪的家庭化解了内部矛盾、营造了良好的家庭氛围，更利于家庭成员的身心健康和顺利发展；一个矛盾冲突较少的家庭，其家庭凝聚力自然更强，更标志着其家庭生活品质和水平提高到了一个更加文明的层次和状态；身心愉悦的家庭成员走出家门，也会以更好的状态投入和他人的接触交往、自己的事业或学业，而不会把家庭内部沟通不畅乃至发生冲突而积蓄的怨气在社会上发泄，所以讲求礼仪、造成家庭关系的和谐，也是整个社会走向稳定与和谐的重要基础。

2. 道德教化功能

家庭礼仪在儿童形成良好的道德和行为意识和习惯方面是不可替代的教育内容。这与儿童的心理特征和认知特征有关。儿童的认知是从具体开始的，而不善于接受抽象事物、进行抽象思考。所以如果大人对孩子讲大道理、讲理由，会收效甚微。家庭礼仪就是从具体的日常行为点点滴滴开始的。虽然琐碎，但是最终会积小善而成大德，让孩子在接受和遵从一个个具体的家庭礼仪规范过程中成为一个有道德、守规则的人。从家庭礼仪入手进行儿童的教育，有利于少年儿童的成长和将来的社会化。他们从家庭礼仪的履行过程中会体认到自己只是整个礼仪过程中的一分子，要恰如其分地完成属于自己的"规定动作"、注意自己的形象举止、尊重和照顾他人的感受和需要，才能顺利完成整个的礼仪过程。长大以后他们就会懂得融入社会、与符合社会要求的其他礼仪过程相连接，顺利地展开与他人的交往。有些青少年小时候家中长辈没有教，孩提时候没有学，长大以后再要老师或他人给他们"补课"，难度会非常大，甚至会引起他们的逆反心理："我一直就是这样的，我家里人都没教我这样那样，你凭什么指指点点……"最后造成严重的社会化障碍，连基本的相处、沟通意愿、技能都不具备，无法与他人沟通、相处，在社会交往中稍遇挫折和冲突，就引起过激反应。近些年屡屡曝光的一些事件中，许多中小学学生之间、大学的室友之间，往往因为一些小小的摩擦而带来严重的后果。这往往和我们在家庭教育、学校教育中过分注重形而上的道德观念的教育，而忽视、不善于开展具体的良好礼仪行为规范的教育有很大的关联。

同时，注重礼仪的家庭的成年成员在教育孩子形成良好的礼仪习惯的过程中对自身的行为也会更为注意，从而提高了整个家庭的礼仪水准。俗话说，身边榜样的力量是无穷的。贴近的榜样比起遥远的榜样自然更容易激发人们学习和效仿的动力。这样，一个有良好形象和声誉的家庭，也在一定程度上可以带动周边的礼仪素质的提高。要使整体的国民素质与社会文明程度得到较大的改观，家庭礼仪的重视是很重要的基础和切入点。因为特殊的家庭关系使得在家庭成员之间进行礼仪行为的推动和监督会比其他场合更为有效。如果我们能改变对家庭礼仪的忽视，在一段时间之后，会有相应的成效。

3. 文化传承功能

民族复兴是作为每个爱国的中国人的梦想。而民族复兴最终在根本上应当是文化的复兴和国民生活的幸福，这也是大部分人的共识。作为礼仪之邦的中国，礼仪文化本身就是中华传统文化的核心内容。因而在追求文化复兴的过程中，要传承我们优秀的传统文化，包括家庭礼仪在内的礼仪文化就是必不可少的组成部分。要得到他人的尊重，首先要尊重他人，并以自身的表现赢得他人的尊重，这是最简单的道理。家庭礼仪本身就是一种包罗万象的文化，而且在它的背后还包含着许多道德、艺术、文化、风俗等方面的文化底蕴。继承了优秀的家庭礼仪文化，也就是无形之中传承了大量的传统文化价值与内涵。从手段方面而言，目前社会上林林种种的"礼仪培训"层出不穷,对于礼仪文化的普及、礼仪素质的提高起了很大的作用。但其受众和内容都略显狭隘,且过于讲求功利和速效性,在文化传承方面往往只能是浮光掠影、浅尝辄止,很难做到扎实、深入。礼仪和文化不是快餐,是天天要吃的家常便饭。千千万万家庭讲求家庭礼仪,形成普遍的文雅家风、家传,改良一方的民风。这种无声的浸润和熏陶,才能更为全面和深入,从而更加有效。

三、家庭礼仪的内容与规范

(一)家庭成员关系礼仪

1. 子女对父母的礼仪

俗话说"百善孝为先",中国古代把孝顺父母看作最基本的道德规范和礼仪要求。在现代社会,尊敬、善待、赡养父母仍然是子女应尽的义务和本分。在日常方面,起居大多以恭敬为先。要留意并记住有关父母的一些生活细节,如衣物的尺寸、生活习惯、兴趣爱好、生活经历等(这些往往为很多子女所忽视),这样才能投其所好,更好地满足他们的需要。记住父母的生日,在他们生日和父亲节、母亲节的时候给予庆祝和祝福。关注父母的健康,体谅父母因为衰老而带来的病痛、不便乃至痛苦。维护父母的尊严,尊重他们的生活空间,不能强制父母服从自己的意志,尤其是不能干涉丧偶老人的婚恋自由。平时多陪伴父母、和他们谈心,缓解老人的寂寞孤独感。如果身处外地,应该经常保持和父母的联系,并在节假日回家探望。要处理好整体家庭关系,尤其是教育好自己的孩子,带孩子经常看望、陪伴父母,因为这是他们内心最大的安慰。为了不让"子欲养而亲不待"的哀伤发生在我们自己的身上，请从点点滴滴最细微处善待我们的父母。

2. 父母对子女的礼仪

在我们的传统观念中，父母与子女关系往往表现为子女对父母单方面的"孝"，而不认为父母对子女方面有什么礼仪上的要求。或许有的父母会认为子女是自己生、自己养的，没必要在他们面前讲礼仪。绝大部分父母毫无疑问是爱子女的，而且是无尽无私的爱。但是爱要讲方式方法才能有好的结果。父母对子女不仅要有爱，也要讲礼仪。不管对成年子女还是未成年子女，父母对他们讲求适当的尊重对双方都有莫大的好处。对于成年子女，不能再把他们当成没长大的孩子，事事包办、事事干涉，甚至无理搅三分，这样会给子女带来很大的困扰。而对于未成年子女，虽然他们的能力和经验不足，需要父母的保护和扶持。但也正因如此，父母更要把握分寸，尊重子女，努力做到亲子关系的民主，尤其是对于子女的隐私、社会交往、发展方向、恋爱婚姻等方面不要强加干涉、强制服从。和子女有不同看法可以提供建议、协商而不是采用强迫和压制。这样才能保持良性的亲子关系，也不至于给子女的成长造成大的不良后果。

3. 夫妻之间的礼仪

夫妻关系是家庭关系中的"核心"，但是双方又没有血缘关系。很多夫妻婚后感叹"相爱容易相处难"。所以夫妻关系既重要又脆弱，需要从多方面精心呵护。

夫妻间要互相包容。婚前男女双方处于热恋期，充满浪漫和幻想，看到的也多是对方的优点。而婚后要面临"骨感"的现实问题，对方的缺点也会慢慢暴露。很多人难以面对这样的落差。俗话说"水至清则无鱼"，百分百称心如意的伴侣和生活方式是很难找到的。这时候就要讲"退一步海阔天空"，保持平常心。只要不是根本的品质问题，其他生活习惯、观念等方面的问题，能改则改，改不了的尽可以磨合、适应。

夫妻之间要有足够的互相尊重和互相信任，共同承担家庭责任，遇事共同商量。"大男子主义"或"妻管严"都不是健康的夫妻关系。

在导致许多夫妻发生矛盾的家务问题上，可以合理分工，互相体谅。最好是夫妻二人能一起做家务。

夫妻间要"善于"吵架，勇于和好。夫妻之间吵架是正常现象。但要控制在一定限度内，应该是一场"有限战争"，而不能无限升级。有人说夫妻吵架是一门艺术。最重要的是就事论事，不能翻旧账、搞人身攻击乃至发展到家庭暴力或离家出走。吵架后也不能打"冷战"。"冷战"并不能冷却矛盾，只会冷却夫妻感情，而要及时沟通、和好。夫妻关门吵架，没有所谓的"面子"问题。不能因为根本不存在的"面子"伤及最重要的夫妻感情。

婚后，夫妻各自也应该有一定的发展、交往空间，要支持、帮助对方的发展。夫妻关系虽好，也不能取代其他社会关系。不能要求对方围着自己转，不能出现类似"你是要我还是要某某"的选择题，更不能动辄要求对方做出"牺牲"来成全自己。家庭和夫妻感情会随着双方在社会上的良好发展而进入良性循环。

尊重对方的家庭成员。夫妻双方在婚前与自己有血缘关系的其他家庭成员生活了几十年，这种感情和关系是无可取代的。尊重对方的家庭成员就是在尊重对方。如果一方表现出对对方家庭成员的不尊重，夫妻之间必然会心存芥蒂，甚至会发生冲突。

继续共同经营双方的感情，维持感情的热度。夫妻之间最大的悲剧是有朝一日蓦然发现双方原来热烈深厚的感情如今已经淡如水冷如冰了。或许其间双方并没有大的冲突和隔阂，而是被时间和琐事消磨。因此，婚后维持对对方的关心和爱意并不时表达出来、精心制造一点小浪漫小惊喜、给两个人创造单独相处的时间和空间进行交流是非常重要的。

4. 婆媳之间的礼仪

婆媳之间的相处往往是家庭关系的难点和很多矛盾的爆发点。这是由于双方没有共同生活的感情基础，观念和生活习惯也难免有较大的差异；再加上婆婆总会担心媳妇不能像自己那样好好照顾自己的儿子，而媳妇认为自己应该主导和丈夫两个人的生活。而夹在其中的丈夫/儿子如果不能妥善处理这一矛盾，则会深受"两个女人的战争"之苦，家庭关系也会更加紧张。其实婆媳之间只要"求同存异"，相处就会容易得多。"同"就是双方都为了"那个男人"，双方好好相处，"那个男人"才能过好日子。有了这一共同点，其他的差异可以包容；对生活的安排也可以互相商议。作为丈夫/儿子不能置身事外或束手无策，要充当桥梁，在两人之间多说彼此的好话。

家庭关系礼仪的内容还包括了翁婿之间、兄弟姐妹之间、姑嫂之间、妯娌之间的礼仪等。由于当今的家庭基本上是小规模家庭，这些关系的家庭成员日常共处的时间并不多。更为常见的是年节之时的礼尚往来，因而在此不做展开。另外，现代的家庭形态比古代更加丰富多样，出现了单亲家庭、失子家庭、丁克家庭、收养家庭、重组家庭等情况（国外还有同性恋家庭）。这些类型的家庭关系礼仪问题还有待我们继续深入探讨。

（二）家庭成员称谓礼仪

称谓，堪称人与人交往的"开口第一句"。中国古代对称谓极为看重。孔子云："必也正名。"称谓也是"名"的一种，应该符合双方的地位和彼此的关系，否则"名不正，言不顺"。所以儒家被称为"礼教"，也被称为"名教"。称谓是彼此交往的第一关。如果这第一关没过好，势必影响交往的气氛，甚至要影响到彼此的关系。而现代年轻人往往轻忽称谓问题，强要装懂的时候，难免闹出"我的家父""我的令尊"之类的笑话。做好称谓礼仪的功夫，才能出面"见人"，顺利迈出社会交往的第一步。

不同民族和文化的称谓文化都丰富繁多，或庄重、或文雅、或亲切，不一而足。从内容上说，家人亲友之间称谓的的内容包括：姓名（包括字、号）、关系称谓、代指等（职务称谓一般用于常人交往，不适用于家人亲友间的交往）。从态度上讲，有一般性称谓、敬称、雅称。从方式上讲，有书面称谓、口头称谓。

古代的关系称谓简单列举如下：自己父母为家父、

家母、家严、家慈；称呼对方的父母为令尊、令堂；称呼自己兄妹为家兄、家姐、小弟、舍妹；称呼别人兄妹为令兄、令妹等；称呼别人子女为令郎、令爱；等等。现在则往往简化为口头性称谓，如我（您）父亲（母亲、哥哥、弟弟、妹妹、儿子、女儿）等。代指：古代有吾、汝、尔、彼、在下、阁下、足下等，而现代则简化为你（您）、我、他（她）。

在称谓礼仪方面，建议还应注意以下事项。

1. 西方不分亲疏都可以一律用"Hi"或"Hello"来打招呼。而国内如果单纯用"喂"来打招呼，不管是在家人朋友之间还是在普通人之间，都会被认为是失礼的，有古代以"嗟！咄！"称呼人的粗鲁感觉。而不打招呼直接说话，在我国民间称为"说白话"，更是无礼的行为。

2. 使用代称的时候，对对方尤其是对长辈应该先做正式称呼，再使用代称"你"或"您"；尤其不应当直接称"你"。

3. 称谓应当准确，如弄错是对称谓对象的不尊重。所以要事先弄清对象的姓名、地位和相互关系。如果对对方家人、亲人的身份不清楚，应询问之后再相称。

4. 在关系特别亲密的家庭成员之间，可以使用昵称、小名、爱称，可以体现双方之间的特别亲近的关系，增进交往的愉悦感。但是在公众场合则应慎重使用。

5. 按照中国古代的传统，亲人之间一般不直接称名。尤其对长辈，古代有避讳的规矩，不仅不可称名，就是平时遇到长辈姓名中所用的字，也避而不用、改作他字；实在要用的场合，在长辈名前加"讳"字以示失敬冒犯。现代家庭里受西方影响，互相称名的情况越来越多。但是不能泛滥，要区别对待：长辈对晚辈可直呼其名，同辈之间可称名；父母和子女之间如果为了表示亲热、民主、平等，在单独相处的时候可称名，在公开场合以及晚辈面对其他长辈时则不应称名。

6. 不应当对家人、亲友以绰号或侮辱性的称呼相称。

7. 要以亲切、尊敬的态度和口气称呼对方。态度、口气应与称谓内容相称，如使用敬称就应当是尊敬的口气，使用昵称就应当是亲热的口气。

8. 遇到多人同时在场都要打招呼的情况下，应当按照社会上通行的一般顺序分先后打招呼，不可错乱，也不可顾此失彼。一般应该是按照先长后幼、先上后下、先近后远、先女后男、先疏后亲的原则。

（三）邻里与社区礼仪

常言道"远亲不如近邻"。自己和家人所在的邻里关系相处得好，可以为整个家庭营造良好的外部小环境。在古代，邻里之间经常沾亲带故，低头不见抬头见，来往频繁而自然；传统的农村家族也会组织同宗的祭祖、社戏等活动，有的地方还会制定乡规民约来规范家庭内部关系和邻里关系。而在现代城市的小区里，绝大部分的邻里之间都是陌生人，邻里关系缺乏血缘、乡情维系，没有宗族力量出面维持、调和。邻里之间缺乏基本的交流和信任，甚至隔壁同住好几年，无缘对面不相识。不同家庭之间的社会地位、观念和生活习惯的差异也越来越大，给邻里之间的交流制造了很多的障碍。在这种环境下人们对所在的小区和城市经常会缺乏归宿感、认同感、亲近感。如果说古代的邻里关系比较天然的话，那么现代邻里关系是需要主动构建的一种社会关系。

在具体的邻里关系中，要互相信任、互谅互让、以礼相待。留意自己和家人的行为。如注意卫生习惯，不要往窗外抛物、泼水，晾晒衣物不要滴水；自己和家人的生活起居要有规律，不要在太早太晚的时候吵闹。遇到矛盾时，要本着善意加强沟通，而不能一味地展现自己的强硬甚至蛮横，如果只是些小问题，提倡忍让，"让他三尺又何妨"。平时遇见主动打招呼、问好，拉近彼此间的关系。如果彼此间已经比较熟悉，就可以作为普通朋友进行交往、拜访。

城市的小区是一个小社会，是一个公共空间。所以一家人在小区里生活，也要讲究社会公德，否则会遭到其他邻居的排斥。要遵守小区住户的文明公约等规则，服从小区物业的管理，而不能因为自己是业主就可以为所欲为。比如有些比较自私的住户常常擅自占用公用空间，比如在楼道、阳台、小区绿地等地方停车、堆放杂物、晾晒衣物、种菜等，甚至搭建违章建筑，就是很不文明的行为。另外，现在城里人养宠物的越来越多，但是很多人不注意宠物的卫生和疾病防治，带宠物外出时不清理留下的秽物。

很多人在城市里举目无亲，较有可能深入交往的就是同一小区、社区里的邻居。所以我们要积极融入社区生活，参与社区活动，扩大深层次交往范围。美国是一个多元化、流动性特征极为显著的社会，但是同时他们也形成了良好的社区传统。早期欧洲人刚到北美的时候，就共同订立了"五月花号公约"，确立起了社区内交往和公共事务处理的基本规则。后来北美各州政府的建立和美国联邦政府的成立在某种程度上来说就是社区的延伸和扩大。他们在三百多年的社区生活中积累的很多有益的经验值得我们吸取和借鉴。比如新邻居搬来后会主动地上门致意、问候、赠送小礼品；如果新邻居需要，主动帮助他们安顿下来；留意邻居家的近况，及时提供可能的帮助；注意自己的生活习惯，不影响邻居生活和公共环境等。在多数邻居互相不熟悉的情况下，可以自发组织体育活动、文化活动、旅游等休闲活动等，给自己和邻居们提供共同相处的机会，可以在这些初步接触的基础上选择适合自己家庭进一步深入交往的对象。就算搬到了城里别的小区，在现代交通的便利条件下，也仍然可以保持交往，这样朋友才会越来越多。

（四）亲友互访礼仪

古语云"礼尚往来"。亲戚朋友之间的家庭互访，是人之常情，也要注重礼节，才不至于发生不必要的不愉快。亲戚之间才会越走越亲。平时也要注意保持适当的联系。如果亲戚朋友家中有困难求助，要根据自身的条件尽量给予帮助；亲戚朋友家中有人生病时也要尽量抽时间探望或打电话问候等；遇有红白喜事等大事的时候要尽可能出席。

1. 接待礼仪

"有朋自远方来，不亦乐乎。"客人来家中拜访，要做到热情、周到、有礼节地招待对方，让客人感觉"宾至如归"，给双方留下愉快的回忆。客人来前，要做好充分的准备：要提前将屋里屋外收拾干净，保持整洁；家人要穿戴整齐，不能过于随意；备好茶水、水果等招待的应用之物，按照民间的习俗，要注意倒茶水时不能太满，奉茶的动作要平稳；如果要留客人吃饭，要事先准备饭菜，如果可能，最好了解一下客人的口味及爱好。客人到家时，要热情迎接，握手寒暄，介绍家人。把客人让进屋里后，让客人坐上座，端上准备好的茶水、水果、点心等。陪客人聊天时要热情、专注，不能表现出不耐烦，如果有事离开，要打招呼并安排其他家人陪客。客人要离开时要表示挽留；主人要招呼家人一同起身道别；送客应该送到门外或楼下，并目视客人走出自己的视线，切不可客人刚转身就离开、关门等；如果客人带了礼物，要谦让、表示谢意，并在客人走时略备一些回礼。如果客人要留宿，也应该事先准备好床铺或帮客人订好房间。

2. 拜访礼仪

到别人家拜访做客时，要时刻提醒自己是在别人的"地盘"，是给主人添了麻烦，切不可随心所欲，要做一个受欢迎的客人。决定要到主人家中拜访时，要提前打招呼，约好上门的准确时间。要挑选主人方便的时间拜访，如主人家中还在吃饭或有事则不宜。在约定时间内要准时到达。如临时有事耽搁或不能前往，要及时和主人取得联系，说明情况，求得主人的谅解。上门前可以根据双方的关系和地位，准备合适的礼品，如果是在传统节日拜访要考虑当地的节庆风俗。到主人家门口时要轻轻敲门（或按门铃）并打招呼、说明身份。进屋后要摆放好自己的随身物品，如需要换拖鞋，和主人家中的其他人打招呼。主人让座后方可入座，不能大大咧咧一屁股自己坐下。主人招待自己的时候，要起身道谢，双手迎接。不能随便翻动主人家的东西。要把握好时间，不要在主人家中停留时间过长，如果是普通朋友以半小时至一小时为宜。在主人家吃饭要客随主便，不要对饭菜挑三拣四，要对准备饭菜的主人表示感谢。告辞前要向主人表示谢意，主人送出家门时要有礼貌地请主人留步。如果要在主人家里留宿，要留意主人家里的生活习惯，不打搅别人正常的生活作息。

（五）日常生活礼仪

1. 日常礼节

一家人住在同一个屋檐下，日常居家生活之时，也要注意许多礼仪的细节，家庭生活才能过得其乐融融。

家庭成员之间要养成问好的习惯。这也是从古代就传下来的，"晨则醒，昏则定"。得到家人的帮助要道谢。外出活动、回家、带朋友到家等都要及时打招呼。这样既表示了礼貌也让家人有心理准备。特别是出远门时，应及时向家里通报相关情况，以免家人担心挂念。也有许多人认为，一家人之间不用"客套"。其实礼貌用语是人际关系的润滑剂。家庭成员之间的关系也需要润滑。

要尊重长辈，进门出门、就座等应"长者先，幼者后"。如果座位分主次的话，应当让长辈坐主席。

用餐时最好要共同进餐，期间不喧哗、不过多谈论、不挑菜，爱惜粮食。吃完要提前离席应先打招呼。吃完要表示感谢，并帮助收拾餐桌、餐具。

现代社会生活节奏快，白天家人相聚的时间较少。晚上家人团聚时应多关心、交流一天的工作、学习情况。如果一起看电视，节目的选择也应当遵照从老至幼的顺利决定优先权。

共同从事家务劳动，维持家里的干净、整洁。

2. 重建家庭共同生活

周期性的、相对固定的家庭共同生活从礼仪角度上说也是一种重要的家庭"仪式"。有共同的家庭生活才会有更多的共同语言、共同记忆，才能加深感情、加强关系。抚今追昔，在家庭共同生活极度缺乏的当下，这一问题尤其值得我们注意。

在古代社会的自然经济状态下，大部分的家庭就是一个完整的生活共同体。"日出而作，日落而息"的日常生活中，劳作、休息都在一起。家庭的活动包括了生产、生活、消费、教育、感情等多方面的内容。所以原本只是因为父母之命、媒妁之言而结合在一起、没有感情可言的男女，在数十年的共同生活后，由于朝夕相处，很多夫妻的感情会日渐深厚，整个家庭关系也变得更加亲密。家庭成员间的共同生活问题并不突出，虽然内容上极为贫乏。

而在现代社会，家庭的社会化程度越来越高，许多原有的家庭活动被剥离出去。成年家庭成员从事着不同领域的工作、孩子也被送到专门的教育机构接受教育。就连家庭成员之间共处的时间也无形之中被侵占。很多父母感慨，自己的孩子真正属于自己、陪伴自己的时间只有婴幼儿时期的三年；很多夫妻也往往难得有一段彼此单独相处的时间，甚至难得一见。很多的家庭呈现空心化、空洞化、弱化，甚至变成了单纯的消费主体。这造成了家庭人际关系的疏离。即使是有限的一点时间，也被烦琐的家务填满。空余时间，很多人宁可沉迷于电视、手机、游戏乃至赌博等不健康的娱乐、消遣方式，也不愿意和家人交流。这一状况的恶化既很不利于家庭，也很不利于家庭成员个人。

我们组成家庭是为了生活，而不只是为了生存。在我们的生活中，家庭生活是别的生活无法取代的。现代家庭要重建共同生活才能缓解很多家庭的危机。这是现代中国家庭礼仪应当注重的重大课题。在这一方面，向来被我们认为家庭观念淡薄的西方人反而非常珍视与家人相处。就算分处各地，也要制造机会让家人有共处的时间。

现代社会是丰富多彩的，所以我们完全可以创造出比古代更加充实多样的家庭共同生活的形式与内容。我们可以协商分工，共同从事家务劳动，既解决了家务难题，又恢复了共同的家庭劳动生活，也让大家更加珍爱自己付出过劳动的家；可以共同参与观看演出或影片、读书等文化活动增添生活的情调；可以一起参加运动、郊游、游戏、聚餐等休闲活动放松彼此；可以在对于家庭或家庭成员具有纪念意义的日子或发生值得庆祝的事件的时候，举行庆祝或纪念活动给家庭生活增添亮色；可以集体外出投入社会，参与社区活动、慈善活动、志愿者活动、义卖等公益活动，提升整个家庭的社会价值。一个能满足各个家庭成员的多方面需求的家庭、用丰富的家庭共同生活让家人感到充实愉快的家庭，才会成为家人们共同向往、喜爱的家。

（六）重要节日

中国古代流传下来众多的传统节日，至今仍较受重视的有元宵节、清明节、端午节、中秋节、重阳节、除夕和春节等。古代人在节日之际举家团圆、探亲访友、将息身心、聚众欢庆，留下了闹龙灯、踏青扫墓、赛龙舟、团圆饭等珍贵的文化遗产，在家庭内外发挥着重要的礼仪作用。在现代，传统节日的文化内涵渐渐流失，和官方确定的政治性节假日一样，仅仅成为一个休闲的机会。而西方的情人节、圣诞节大受追捧，已经成为恋爱男女和夫妻之间非常看重的节日和礼仪。

面对这样情况，无论对于我们自己的传统节日还是外来的节日，都应该挖掘其中所蕴含的文化价值和家庭价值，而不能仅仅因为好奇，或者单纯变成举家吃喝。

我国的传统节日有浓厚的家庭色彩、农业色彩，除了喜庆的内容之外还有诸多的禁忌、祈愿。如果除去其中愚昧、神秘的成分，我们会看到其中所包含着的珍视家庭、崇尚文明、敬畏自然、节制行为、勤劳乐天等元素。这些元素即使在当代社会仍然是难能可贵的、应当受到推崇的。我们可以通过现代人能够接受的形式将这些精神内涵、文化内涵表达出来。比如七夕节又称"乞巧节"，在古代是年轻女子祈求天上的织女能让自己变得心灵手巧。当代年轻人借用牛郎织女的爱情传说把七夕改造成了中国版的情人节。这至少也是用一种新的方式延续了七夕这一传统节日，尤其是和追求新潮的年轻人有了对接的契机。为适应当前社会的需要，我们还可以在各个传统节日结合能传递社会和谐、提倡环保、积极进取等"正能量"的内容，并以此带动人们有机会去温习与之相关的传统文化。现代社会，作为一个文明古国，如果我们在节庆方面徒有其表而无其神、只注重填饱肚子而不能充实头脑和心灵，那会是可悲的。一个泱泱大国是无法容忍自己在节庆方面表现苍白、只知道搬用外来节日的，作为家庭也需要通过这些有民族特色和文化内涵又顺应现代潮流的节庆文化装点家庭礼仪、家庭文化，丰富家庭生活。

（七）人生礼仪

家庭成员在其一生中都要经历不同的阶段，度过一些重要的转折点。在这些生命中重要的时段，古今中外的家庭都会为此而举行一定的仪式，现代一般称为家庭礼仪。

1. 诞生和庆生礼仪

中华民族是一个热爱世俗生活的民族。生命的诞生是世俗生活的开端，是值得庆贺的事情，是传宗接代使命的实现，承载着父母之爱。而且在古代条件下，生养存活不易，要过很多道"鬼门关"，所以古代家庭的诞生礼不厌其烦。出生要报喜，吃红蛋、酿女儿红；满三天要洗三朝；满月时要摆酒席、剃满月头；满百日要穿百家衣、佩戴长命锁保平安；周岁要"抓周"……而家中老人一生操持家业，艰辛坎坷，子女也会为他们举办"寿礼"表示庆祝和祝福，以尽孝道。这些充分表现了敬老爱幼的优良传统。而到了现代，新生儿的诞生礼仪相对简化。而且对新生儿的命名比古代有所提前。古代人往往要入学的时候取名、成年的时候取字，命名就成为学礼和成人礼的部分内容。社会底层的民众和相当部分的女性则没有名字。现代人普遍拥有自己的姓名，但很少取字,大名则往往在婴儿出生后不久就已经取好。在这个问题上,也可以考虑在周岁的时候正式宣告孩子的大名,并且在孩子入学或成人礼的时候由家中长辈告知命名的含义,让孩子知道自己肩负着家中长辈尤其是父母的热切期望。除了老人和孩子的生日之外,现在在成年的家庭成员生日的时候一般也会进行庆祝,而且往往引入国外的生日晚会的形式:吃蛋糕、吹蜡烛、表演节目等,显得轻松活泼。

2. 成人礼

成人礼是全世界普遍存在的人生礼仪。从整个人类的礼仪发展来看,成人礼出现的时间甚至比婚姻礼仪还要早,早在夫妻制家庭成形前,成人礼在原始部落中就已经是重要的礼仪内容了。接纳了新的成年部落成员就意味着部落更为壮大,食物和安全更有了保障,也是当事人获取婚姻和生育资格的标志。留下了文身、穿耳、割礼、拔牙等不同风俗。中国古代男子所行成人礼称"冠礼"(20岁),在上层社会的家庭礼仪中被排在首位。《礼记·冠义》说"冠者,礼之始也",《仪礼》更将《士冠礼》列为第一篇,因为这意味着家族有了新生力量。与此相对应,古代女子的成人礼则为"笄礼"(15岁)。进入近代以来,这一古老久远的礼仪渐渐被荒废。改革开放后,我国成人礼有所恢复,但主要是在学校举行,而很少在家庭内部举行,甚至很多家长对成人礼一无所知,或者认为是学校的事情。

鉴于不少青少年都不同程度地存在自我认识模糊、家庭责任心淡薄的问题,我们应该大力弘扬和恢复成人礼的传统,而且应当以家庭为主。成长往往是从树立责任感、承担责任开始的。而家庭往往是一个青少年最切近、最能感受到责任的地方。所以成人礼在学校举行、明确成年公民的国家责任的同时，更应当回归家庭，让青少年明了对自身和家庭的责任。古代的成人礼是以家庭教育为基础的，只有在完成了六艺、农事、女工等内容之后，年轻男女才能在成人礼上从容地展示自己所长，长辈也收获了育人成长的喜悦，现代的成人礼也应当是家长常年辛勤的家庭教育的一种结业仪式。在竞争激烈、强调个体独立的现代社会，也可以通过成人礼来表示父母对子女的抚养责任到此完成，督促他们从此以后应该自立自强、独自面对和解决人生道路上的问题，摆脱对家长的依赖。通过庄重的仪式和告诫，家长可以向晚辈表达自己的祝福、劝诫。同时，在人生的道路上，往往同龄人的影响最后大于父母的影响。父母应当从小开始关注子女的同龄人交往，引导他们拥有对自己身心发展有益的伙伴，在举行成人礼的时候可以邀请这些伙伴共同见证和度过这一人生的重要转折点，让他们彼此成为终生最要好的朋友。还可以选择适当的方式，加入娱乐甚至是狂欢的内容，使这一重要时刻更加愉悦而难忘。

此外，在古代上层社会的家庭中的子女能够受教育是一种特权和身份的象征，学习文化也是一件承载远古圣人之道、把自己培养成君子圣贤的很神圣的事情，所谓"万般皆下品，唯有读书高"。因而在入学接受教育的时候，要举行隆重的学礼，向孔子和老师跪拜，还要起学名（这标志着他和没有接受教育的人已经完全不同类了），乃至在学习过程中对文字、写有文字的纸张也毕恭毕敬。现代的教育理念与古代有很大的不同，但是教育在人的发展成长过程中起的关键性作用是不言而喻的。因此家庭成员重视和参与孩子在学校的开学典礼、家长会、联谊活动、毕业典礼等，也应成为现代成人礼的组成部分。

3. 婚姻礼仪

婚姻礼仪是宣告男女双方结成夫妻关系的仪式，也是家庭形成的标志性程序，更关涉种群的繁衍和兴旺，所以古今中外对于婚姻礼仪都极为重视。《礼记·昏义》称："昏礼者，礼之本也。"中国古代家庭礼仪的源头也从伏羲、女娲"嫁娶之礼"开始算起。在男女授受不亲的社会环境下，要由男女双方家庭经过纳采（男方提亲）、问名（询问女方名字、生辰）、纳吉（占卜）、纳徵（下聘礼）、请期（商定婚期）、亲迎（迎娶新娘）等六个环节方能完成终身大事（即"六礼"），极为慎重。进入近代以后，提倡婚姻自主，风气较为开放的地方家庭长辈的主导地位渐渐减退，男女双方自行确定婚姻关系、结婚仪式，程序也日趋简化。改革开放以后，婚纱和西式婚礼受到年轻人的青睐，而传统婚礼富于民族特色，带有热闹、喜庆色彩的文化元素，也仍然有很大的吸引力，如坐花轿、拜天地、闹洞房等。四处开花的专业婚姻策划公司给人们提供了更多的、方便的选择。也有越来越多的人钟情于旅行结婚等新的结婚仪式。

在婚姻礼仪文化更加多彩的同时，很多地方的年轻人仍然为某些根深蒂固的婚俗陋习所困扰。最突出的是大操大办、彩礼、闹洞房、红包等。轻则造成尴尬和经济上的沉重压力，重则对当事人之间的感情投下阴影甚至不欢而散。这些习俗在古代都有其产生的缘由和合理性。当这些合理性渐渐消失的时候，应当将这些陋习严格控制在一定限度之内，才能不至于适得其反。现代社会流动性大，男女双方往往分处两地，亲友之间来往和团聚也较为困难，大操大办往往徒增烦恼，应当在隆重的前提下力求便利。在婚姻自主的大背景下，没有了家族力量的左右，但是男女双方在婚前的恋爱、相亲、约会（有些还出现同居的情况）等问题上遵循平等、自愿、协商和尊重保护彼此的隐私、安全与健康等原则。离婚率居高不下也是现代社会挥之不去的问题。在现代人的婚姻历程中，很多人效仿西方，举行婚姻周年纪念。另外，已经有越来越多的人主张夫妻之间应该像重视结婚一样重视离婚，不应当在草率和粗暴中结束婚姻关系，应尽量避免和降低离婚对家庭和男女双方的伤害。这些问题理所当然地应该纳入现代人的婚姻礼仪考虑中。

4. 丧葬礼仪

为死去的家庭成员而举行的葬礼，不仅仅寄托着哀思，也带来心灵的净化。由于死亡与葬礼和古人的"灵魂"观念直接相连，我国古代提倡"慎终追远"，葬礼不仅隆重，而且带有较为浓厚的神秘色彩。包括汉族在内的许多民族流行土葬。对葬礼的规格要求较高，甚至要求操办七七四十九天，亲人要披麻戴孝、哭丧、守灵。灵柩下葬后还要服丧三年，即使是在朝为官的人遇到父母的丧事也要回家守孝三年，号为"丁忧"。这些要求即使在古代也往往被视为过于严苛，难以完全做到。葬礼期间要给死者烧纸钱纸马，以备死者在"阴间"生活之用。要根据"风水"为死者挑选墓地，即所谓"阴宅"，以保佑全家的平安。古人还认为死者的灵魂会成为家族的守护神，因而逢年过节要供奉、祭拜祖宗，祈求护佑。

四、家庭礼仪的养成

（一）家庭礼仪养成的主体

在家庭礼仪养成的过程中，主体不仅仅是青少年，也不是父母把青少年当作被动的对象，而是多个主体在这一项群体性活动中分工和配合，共同发挥作用。这些主体包括：学者、政府、学校、社区、家长、青少年。其中，学者的职责是凭借自身的礼仪专业素养，根据社会和家庭现状，提出对绝大部分家庭较为适用的家庭礼仪规范；政府则是把这些规范在全社会范围内加以大力宣传、倡导、推广；学校、社区、家长则具体进行家庭礼仪规范的传播、教育、监督；青少年在自己的整个成长过程中不断学习、践行，将其内化为自觉的意识、行为和习惯。在这些主体中，显然家长和自己的子女处于核心地位，但是其他主体也不可或缺。

（二）家庭礼仪养成的路径

在家庭礼仪的养成中，家庭扮演着主导性的关键角色，要利用好家庭的空间，利用好自己和子女的最亲密的关系，在家庭礼仪的养成上起到最重大的作用。当然，这一切要在遵循教育规律、运用恰当对路的方式方法的前提下才能达到预期的目的。

1. 在态度上应当重视和正视家庭礼仪教育对于孩子成长的极端重要性。有不少家长在家庭教育方面存在误区。或单纯满足孩子的物质需求，或溺爱放纵，或简单地把教育当成知识的灌输。家庭礼仪教育在他们眼中成了无足轻重的事情。以这种心态是不可能在家庭礼仪教育方面有好的作为的。

2. 要树立明确的家庭礼仪教育目标。要教好孩子，首先自己心中要有数。以己之昏昏而欲使人昭昭，是不可能有好的效果的。确定的规则应当细化，注意到日常生活中各种细节，而不能大而化之。诸如"要讲文明、讲礼貌""爱祖国、爱人民"之类的抽象教条会让孩子们无所适从，更无法做到。

3. 要和其他方面做好密切的配合。孩子入学接受教育之后，除了睡眠之外，一天中大部分时候都是在学校和老师同学度过的。家长应主动加强与学校、学校礼仪教育的联系、配合、衔接，并积极参与社区的相关活动。这种配合不仅体现在内容上和组织的相关教育活动方面，尤其还要教导孩子尊重老师。对孩子来讲，尊重老师才能真正从老师身上学到知识；从礼仪本身而言，尊重是礼仪精神的核心内涵，舍去尊重，礼仪就失去意义。现在不少家长认为自己的孩子上学花了钱，让老师管教孩子是让孩子"吃了亏"，甚至遇事动辄在学校吵闹。这不仅不可取，且会大大影响对孩子的教育成效。所谓"尊师重教"，首先要做到尊敬老师，才谈得上是真正的以教育为重。

4. 家长要注意以自身方方面面的行动对孩子的家庭礼仪教育施加积极的示范引导。如要注意自己的仪表形象，至少要做到庄重、整洁；要注意自己言行一致，对孩子教导的礼仪规则自己首先要做到，否则不仅孩子难以接受，自己的形象和威信也会在孩子眼中大打折扣；要注意保持家庭环境的整洁，在优雅的环境里，孩子也会慢慢地留意自己的不文雅、与整体环境不协调的行为；平时待人处事要从容、有条理，因为礼仪是秩序的表现，在充满和混乱的状态中不可能维持正常的礼仪行为；要注意与人为善，善待他人，这样才能更好地引导孩子更多地考虑他人的处境、感受和需要，从而在与人相处中行为得体；要注意控制现代传媒的某些负面影响，我国目前尚未建立对传播内容的分级控制制度，传媒中某些暴力、血腥、不文雅的信息内容不可避免地会对免疫力较差的青少年产生消极的影响。

5. 要精心准备丰富多样的内容。在家中对孩子进行礼仪教育，不能简单地把社会上、学校里的内容简单复制，敷衍了事。现在不少家长让孩子诵读《三字经》《弟子规》等古代的启蒙经典。这些经典文本里确实包含了许多家庭礼仪的内容，对于自己开展家庭礼仪教育提供了大家能共同接受的现成的范本。但是这些启蒙经典中也含有很多不合时宜的内容，应加以鉴别，对有一定理解力的孩子可以加以讲解，消除不利的影响。可以增加趣味性的内容，寻找或自编歌谣、故事和游戏等，增加礼仪教育的吸引力。还可以从周边包括自己家庭的日常生活中提取生动的案例，这样效果更佳。

6. 要注意采用灵活的教育方法。可以给孩子树立身边的榜样，但是切忌攀比，以免挫伤孩子的自尊心甚至引发自卑感和逆反心理。

可以用角色扮演的方法帮助孩子在真正需要展示礼仪行为的场合进行演练，增强他们的自信、减少失误、累积成功。

　　在推行礼仪教育的环节要大小结合。既要注重日常生活方面对小节的一丝不苟，也要抓住"大事"（即一些重大的公众仪式场合）的机会让孩子参与。比如在亲友的婚礼场合，有的孩子会扮演"金童玉女"的角色，他们稚嫩、得体、出彩的表现会赢得亲友们的交口称赞。这无形中就增强了孩子的自信心和荣誉感，也使得他们在面对"大场面"的时候慢慢地不再怯场，有利于他们将来面对越来越大的舞台。

　　逐步放手让孩子做"家庭小主人"，做自己生活的"小主人"。孩子应当是主动的，而不是被动的。放手是最大的爱，放手是最好的教育。让其自主接触生活，多经历，多交往，多参与家务劳动和商量家庭事务，自然会慢慢变得成熟、老练，知道如何应对不同的状况和场合。如果害怕孩子受伤害、受挫折而一味包办，孩子单独面对问题的时候就会惊慌失措，就很难保证有合乎规范的礼仪行为。

　　德是礼的根苗。家长要经常引导孩子关心他人，帮助他人，欣赏他人。孩子内心有了善良的观念，有了尊重、照顾他人的意识，就会知道礼仪不是空洞、机械的装腔作势，而是让世界更美好的行为，懂礼仪就成了自然而然的事情。

　　对孩子的礼仪学习和礼仪行为要及时回馈。良好的回馈是教育效果的反映和保证。不管是对正确行为的赞赏鼓励，还是对纠错与包容，首先要做到及时反馈；要就事论事，评价准确，不能过于笼统，批评的时候更不能上纲上线、挫伤孩子的自尊；如果孩子的不当行为一时不能纠正，要保持足够的耐心。如果要施以惩罚，也要采用适当的方式，让孩子自己意识到问题所在，而不是粗暴的责骂、体罚等。

（三）家庭礼仪养成的要求

家庭礼仪的养成要取得应有的成效，有关方面还需要注意以下问题。

1. 持久性。对青少年的家庭礼仪养成要贯穿其成长的整个过程，即从学前到18岁。就像农民种地，从春种到秋收，每个时节都不能缺少、不能延误，家庭礼仪的教育也要善始善终，持之以恒，才能有最后的收获。尤其开始的时间要赶早为宜。《三字经》里说："为人子，方少时，亲师友，习礼仪。"等孩子放纵无礼惯了，才从头开始，就会事倍功半。

2. 一致性。家庭礼仪的养成不仅仅是对未成年人的要求，也是对所有家庭成员的要求，所有家庭成员都应遵守家庭礼仪的规范。因为礼仪本身的规范性就要求一定范围内的人们都要遵守。如果在家庭礼仪教育中起主导性作用的长辈常常违背这些规范，未成年人也就会效仿大人的行为，使得教育的目的无法达成。

3. 差异性。首先从横向上来说，每个孩子的个性和性格等情况不尽相同，所以在教育的要求和方法上应该有所不同，特别是不能看到别家的孩子"很懂事、很懂礼貌"就回过头来强求自己的孩子也一定要做到。比如有的孩子胆子大、比较外向，或者有一定的演讲天赋，所以在公众场合会表现比较抢眼。如果有的家长因此攀比，向自己的孩子施加压力，孩子可能反而会更加紧张、自卑，最后留下在公众场合畏畏缩缩的阴影。从纵的方面来说，不同年龄段的孩子社会角色不同，社会交往需求与内容不同，心理特征不同，接受能力和程度也不同，所以家长在确定养成目标的时候也不宜好高骛远、操之过急，还是应该从最基础的、最简单的内容着手，稳步推进。

4. 现代性。家长在家庭礼仪养成的理念上一定要坚持现代化的价值取向。复兴礼仪不是复古，不是"克己复礼"。有些人打着"国学"的旗号，要求学生行跪拜礼等，对古代礼仪的要求全盘照收。更有甚者，有人开办所谓的"女德班"，向女学生灌输"打不还手，骂不还口，逆来顺受，绝不离婚"的观念。这种所谓的"礼仪"也许在某些人看来"赏心悦目"，可是和整个社会的现代化、文明进步的整体走向是背道而驰的。我们要把握的一个基本方向是，我们的教育是为了让受教育者、未成年人在现代社会更好地生存、发展、生活；现代社会需要用现代的礼仪与之相适应；我们在进行礼仪教育的时候需要维护包括受教育者在内的所有人的尊严，而不是通过贬损他们的尊严来成就另外某些人的尊严；礼仪要有助于保护而不是泯灭、扼杀每个个体的个性、自由、平等、创造力的发展和发挥。

第九讲 社区公民形象的塑造

人是社会的人,除了个人生活、家庭生活之外,人们还必不可少地要置身于公共场合,参与社会交往活动。公共礼仪,指的就是人们置身于社会交往的公共场合时所应遵守的礼仪规范。公共礼仪是礼仪的重要组成部分之一,也是人们在交际应酬之中所应具备的基本素质。

公共礼仪作为全体公民应遵循的礼仪规范,要遵循三条基本原则。一是以社会公德为准绳。我国《公民道德建设实施纲要》指出:"社会公德是全体公民在社会交往和公共生活中应该遵循的行为准则,涵盖了人与人、人与社会、人与自然之间的关系。"公共礼仪正是关于人际关系、人与社会以及人与自然关系方面的行为规范。公共礼仪从属于社会公德,并且以更为具体的形式加以表现。二是明"分"守"节"。作为社会人,只要有社会有分工就存在每个人的"分"。在单位你是领导的下属,在家里你是父亲的儿子,在人际关系中你是某人的朋友等。社会地位和职业等决定了人们所具有的"分"。就公共礼仪而言,"节"表现为"安分守己",是对自己"分"的理智的认识及对自己"分"所当遵循的规范的认同,是一种严格的自律。公众利益与个人意志,往往是相矛盾的。人在遵守外在规范时,会感到压抑,那么适应处理的唯一有效办法是在自己的精神世界内部营造规范与约束自己行为的纪律,从而使生命由被动适应外部环境走向积极主动地适应外部的转变。三是"礼让为先"。在现实生活中,人与人之间存在各种差异,矛盾、冲突、摩擦不可避免。在是非善恶的根本原则的情况下,"礼让为先"是处理矛盾的基本原则。所谓礼让,就是在利益当前,多替别人着想,少替自己盘算,把好处让给别人,把困难留给自己。"让,德之主也。让之谓懿德"(《左传·昭公十年》),"礼让"是公共礼仪的灵魂,体现的是舍己为人,以礼待人、乐群和贵的美德。

我国《民法通则》这样界定"公民":"公民,是指具有一个国家的国籍,根据该国的法律规定享有权利和承担义务的自然人。"公民的权利和义务是相辅相成的,它构成一个社会公民所应担负的社会性角色。公民形象是公民品德、操守的外在反映,是公民全部言行构成的公众评价,是一个国家软实力的重要组成部分,是彰显综合国力的重要窗口。

一、公民礼仪素质培养对公民形象塑造的作用意义

公民礼仪素质包括了基本的礼仪规范,也包括对礼仪的认知意识和自觉态度。公民的礼仪素质,关系到一个国家的民族素质水平,是人类社会精神文明发展水平的重要标志,具有共同性、传承性和社会性等特点。在我国改革开放和现代化建设高速发展的背景下,加强公民礼仪素质培养,塑造

公民形象，提高中华民族精神文明程度，具有特别重要的作用和意义。

（一）满足人的需要

美国著名的心理学家马斯洛曾经对人的需要问题进行过深刻的研究，提出了颇具影响的"需要层次论"[1]。他认为，人不仅有需要，而且人的需要有高低不同的层次。按照从低到高的次序排列，有生理的需要、安全的需要、归属和爱的需要、尊重的需要、自我实现的需要。马斯洛的需要层次理论揭示了这样一个道理，大凡每一位心智健全者在追求物质满足感的同时更渴望获得包括尊重在内的各种精神需要的满足。一个人欲想获得精神需要的满足，就必须先给予他人以同样的精神需要的满足。换言之，我们只有在给予他人尊重需要满足的过程中方能实现自身尊重需要的满足，而尊重恰恰是个人礼仪的核心与本质。由此可见，在人类社会，一个人的需要和发展取决于直接或间接地与他交往的其他一切人的发展。无论是高层次的需要还是低层次的需要，特别是较高层次的需要的满足，都离不开对礼仪规范的遵守。如果不注重礼仪，不用说得不到爱，受不到尊重，不能自我实现，甚至连安全的需要也无法保证，生理的需要也无法满足。所以说，加强公民礼仪素质的培养，是满足人的需要的重要方式。

（二）有利于人的全面发展

从人类学的观点看来，我们认为，人的本质集中在两大方面，即人的不确定性和发明制造工具。康德说："人作为有理性的动物，其特征已经在他的手、手指和指尖的形态构造上，

---

[1] 参见马斯洛《人的动机理论》，华夏出版社，1987年版。

部分是在组织中，部分是在细致的感觉中表现出来了。大自然由此使他变得灵巧起来，这不是为了把握事物的一种方式，而是不确定地为了一切方式。"[1]也就是说，人是一个不确定的开放的，无限的系统，马克思关于人的本质是"一切社会关系的总和"[2]的观点，强调了人的社会性，是人的不确定性本质在社会哲学上的展现。与动物相比，从生存的角度看来，人的不确定性是功能上的一个巨大的弱点和缺陷。但正是这个巨大的弱点和缺陷，使得"发明制造工具"成了把人从动物提升为人的根本途径，或者说成了人之成为人的客观确证或现实规定性，也成了人的力量和文明的来源。正因为人有着其他动物所不具有的本性：不确定性，才使得关于人的教育成为人类特有的现象。作为人的教育的重要内容，公民的礼仪素质培养，就是使公民由不确定性向确定性转化，促成其身心素质的全面发展的一个方面。显然，加强礼仪素质的培养，不但能促进人的素质的全面发展，也是符合人的本质的规定性的。

（三）有利于中华民族精神的继承和发扬

所谓民族精神，是一个民族在长期的历史发展中形成的群体意识，是民族共同的思想品格、道德规范和价值取向的综合体现，它是凝聚、激励、鼓舞全民族团结奋斗的强大精神力量。党的十七大提出："必须把弘扬和培育民族精神作为文化建设极为重要的任务，纳入国民教育全过程，纳入精神文明建设全过程，使全体人民始终保持昂扬向上的精神

---

[1] 康德著：《实用人类学》，邓晓萍译，重庆出版社，1987年5月第一版，第235页。
[2] 《马克思恩格斯选集》第1卷，人民出版社，1972年版，第16页。

状态。"中华民族精神的继承和发扬，已经成为我国现代化建设大业中的重要任务之一。当前，经济的全球化给我们带来了多种思想文化、价值观念、道德观念的并存和碰撞，这种道德、文化、价值观的多元化，一方面推动着我国社会的向前发展，另一方面也不可避免地带来了一些负面效应。在这样的背景下，党中央提出加强树根立魂的民族精神教育，具有强烈的现实意义，更有长远的历史意义。而在中华民族的传统礼仪精华中，保留了丰富的优秀精神文化元素，是中国传统文化的体现，也是中华民族的民族精神的重要组成部分。加强公民礼仪素质的培养，可以在更具体的内容和形式上，促进中华民族精神的传承和发扬。

（四）有利于和谐社会的构建

讲究礼仪的目的是实现社会交往各方的互相尊重，从而达到人与人之间关系的和谐。"礼"是调节社会关系的一种手段，它通过形成特定的行为准则和社会秩序来实现社会的和谐、稳定与发展。其调节社会关系的方式，主要是促使人们对社会所倡导的价值观念和行为准则的认同，自觉地把思想和行为纳入社会需要的秩序轨道。中国传统礼仪的这种调节功能和特征十分突出，它所倡导的价值观念和行为准则的一个鲜明的特征，就是秩序与和谐。"和"是"稳"的前提，而"礼"又是"和"的前提，公民的礼仪素质培养对达到社会和谐有序目标起着重要作用。在现代社会，礼仪可以有效地展现施礼者和受礼者的教养、风度与魅力，它体现着一个人对他人和社会的认知水平、尊重程度，是一个人的学识、修养和价值的外在表现。一个人只有在尊重他人的前提下，自己才会被他人尊重，也只有在这种互相尊重的过程中，人与人之间的和谐关系才会逐步建立起来。

近年来，随着现代化进程的加快，和谐社会的构建已经成为举国上下全体国民的共同心愿，加强公民的礼仪素质培养，从社会关系的角度优化人际关系，为和谐社会的构建添加了最本质的内容。

二、公民形象塑造的理论价值

（一）公共精神是公民形象的温床

公民的第一要义就在于公民是宪法确认的公民权主体，其本质是享有公民权的法律资格。这种公民权利中首要的就是民主权利。19世纪政治思想大师约翰·密尔指出："一个绝对不能参与政治事务的人，不能称为公民。"[1]有学者把公民的这种"关注公共事务为内容的参与意识"上升为是否真正具有公民资格的标准，指出："参与意识是否浓厚及其表达程度的高低具有更深层的意义，即直接表示了个人在这个社会中是否具有了作为人的尊严，独立人格是否得到了承认，这实际上意味着这个社会的人们是否真正具有公民资格和精神。"[2]公民的参与意识，正是公民作为公共主体意识的表现。如哈贝马斯所说，公民是"以宪法为象征的政治共同体内的成员"，他"对国家的忠诚和热爱应当是一种政治性的归属感"。因而，爱国心和公共精神乃是现代国家所诉

---

[1] 郁建兴：《着力培育公民精神》，《南方日报》2005年12月22日。
[2] 黎玉琴：《论当代中国社会中的公民精神》，《当代世界与社会主义》2006年第5期，第79页。

求的根本伦理和社会规范资源。[①]这也是公民所应承担的义务的基本范畴。爱国心自不必说，公共精神可以理解为"社会成员在公共生活中对人们共同生活及其行为的准则、规范的主观认可并体现于客观行动上的遵守、执行"[②]。社会公德意识、自制自律的行为规范是公共精神的重要内容。

基于对"公共精神"的遵守，在社会生活中，尤其是在各种公共场所的活动中，公民就会自觉践行公共行为规范，尊重人、理解人、关心人、帮助人，形成文明健康生活方式，养成良好的行为习惯，构建平等友爱的人际关系。因此，公共精神作为公民对公众生活应当遵循的共同生活准则的认可与遵守，集中体现了公民作为公共主体的自觉意识与责任感，是形成良好公民形象的土壤。

（二）礼貌是公民教养的直接表现

礼貌是指人们在相互交往过程中所表现出来的谦虚恭谨的言语动作和友好得体的气度、风范，它体现着个体的精神风貌和道德品质，其核心是互相尊重、互相谦让。孟德斯鸠曾经说过："礼貌使有礼貌的人喜悦，也使那些受人以礼貌相待的人们喜悦。"（《论法的精神》）礼貌反映个体素质，展示个体风采，在彰显良好公民形象、调和个体人际关系、促进社会和谐发展中起了重要的作用。

教养是指人在文化、品德方面的修养，是表现在行为方式中的道德修养状况。教养反映的是人本质上的品质与道德水平，反映一种积极的对己对人的态度和行为，教养是发自

---

① 郁建兴：《着力培育公民精神》，《南方日报》2005年12月22日。
② 潘强恩：《论公共精神》，《光明日报》2003年11月5日。

内心的，是由环境、教育、经历等结合成的内在素质，是一种内在道德品质的美好与完善。

礼貌本身是一种既蕴含道德要求，又具有外在表现形式的行为规范。既需要内在道德品质的美好与完善，也需要外在行为的规范与得体。外在行为与内在品格的相互转化，促使了公民的知礼、明礼，进而懂礼、守礼，塑造出内外兼美的有教养的公民形象。因此，讲文明、有礼貌是有教养的直接表现，也是做人最基本的要求。古语说："诚于中而形于外。"文明礼貌是一个人美好心灵的自然流露。因为懂礼貌，才会注意把握交往尺度，给别人留下了必要的私人空间；才会克服种种不便，使自己的行为符合社会公德的要求；才能处处使用礼貌用语，努力营造文雅平和的氛围。古代学者颜元说："国尚礼则昌，家尚礼则大，身尚礼则修身，心有礼则心泰。"可以说，只有人人都有礼貌，做到真正品德高尚、心灵美好，我们的国家才能昌盛，民族才有尊严，人民才能安定团结。

（三）得体地取悦他人是一门艺术

人际关系是"人类生存与发展的首要条件，是社会文明程度的标志之一，也是人类在共同的生活中，彼此为寻求满足各种需要而建立起来的相互间的心理关系"[3]。在现代社会，随着公共生活领域不断扩大，人们相互交往日益频繁。人与人之间的关系也越来越复杂、多样，其重要性也日益凸显。人际关系学说创始人、著名行为科学家、霍桑实验主

---

[3] 赵琛：《做好人际关系应该研究的几个问题》，《中华儿女》（海外版）2006年第1期，第75页。

持人乔治·埃尔顿·梅奥曾经提出"社交人"的假设，认为人们从事工作的主要目的不仅是经济利益，还要追求人与人之间的友谊，重视在工作中与周围人的和睦相处，获得安全感、归属感等方面的满足。建立良好的人际关系，不仅是公民在社会环境中的安全感、归属感、满足感的心理需要，也是公民作为社会群体一员自觉遵守和维护公共秩序、形成良好的和谐的社会环境的需要

  良好的人际关系的形成，必须通过合作、互动、相容的方式来完成。得体地取悦他人是形成良好的人际关系的一种最佳方式。一个人能够以得体的行为带给他人快乐并彼此取悦，是一种美德，也是一门艺术。得体地取悦他人更多地体现为对他人的一种尊重与宽容。尊重是一种修养，一种品格，一种对人不卑不亢、不俯不仰的平等相待，是对他人人格与价值的充分肯定。一个真心懂得尊重别人的人，一定能赢得别人的尊重。在现代国际礼仪中，"尊重"是礼仪的核心辞令。那些"信守时约、入乡随俗、求同存异、女士优先、尊重隐私"等国际礼仪通则，无不体现着"尊重"的内涵。宽容是一种对于"不守成规"的观念和行为的容忍精神，能够给有别于自己的人以自由存在和发展的空间，并能够给以正面的评价，也包括能容忍别人直接反对自己的信念和原则，因为每个人在理性上都是有限的，人们的认识不可能不具有相对性，没有人能够保证自己所代表的是绝对真理。[①]只有当人与人之间、人与社会之间真正具备了宽容精神时，我们生活于其中的社会所实现的和谐才是多元的和谐，

---

① 贺来：《宽容意识》，古林教育出版社，2001年版，第1—7页。

而不是一元的和谐。宽容体现的是对人作为人的基本尊重，是人与人之间得以进行平等合作的基本品质。

尊重与宽容是得体地取悦他人的核心与基本准则，它常常表现在具体的行为礼节上，有着详细的、丰富的内容与技巧，有待每一个人去理解、去把握。

（四）在公共活动中习得优雅言行

公共活动就是许多人的集体活动，如欢迎、欢送、祝贺、集会、舞会、参观、旅游、各种庆典等均属公共活动。

如果说个人修为是礼仪对人的内在道德要求的话，那么在公共活动中的言行则是礼仪的外在表现形式，它集中体现了一个人对礼仪规范的熟知程度、自觉程度和得体程度。

任何道德，只有在实践中得以贯彻，才能发挥规范人的行为、调节人际关系、完善人的本质的作用。礼仪本身所具有的实践性特点，决定了礼仪的学习与掌握必须强调实践性，必须注重使自己扎实地践行礼仪规范，而不是停留在主观的范围。在公共活动中习礼、行礼，要求个体必须适应公共活动客观状况和客观要求，在承认人与人之间平等协作关系的基础上，实现人与人之间的相互尊重、关怀与宽容。同时，每个人的礼仪水平都是通过不断的努力，才会逐渐提高。在公共活动中，从点滴做起，寓礼仪于细微之中，然后逐步扩展，才能渐渐养成良好的礼仪习惯，礼才会逐渐内化为人的道德素质，并逐渐内化为人的道德习惯。

公共活动集中体现了当前社会活动中人们的礼仪需求和礼仪现状。个体可以在公共活动中充分展示自我、检阅自我进而提高自我。一方面，个体可以将自己所习的礼仪规范践行于公共活动之中，展示自我良好的礼仪形象，并检阅自我言行的合礼性，在对客观对象的感受中实现自己的价值判断；另一方面，通过对自我言行的践行与判断，通过对公共活动中他人言行的感受、评价与借鉴，进一步提高自我修为。

当一个人在公共活动中的言谈举止能够自如地体现礼的精神时，礼仪就绝不仅仅是一种表面形式，它实际上反映着每个公民的道德修养程度乃至整个社会公民形象水平的高低。

三、公民形象塑造的基本策略

公民礼仪素质的培养，任务繁重，需要实施的内容很多，也有许多古今中外的典型可资借鉴，目前最紧迫的，是如何尽快继承、形成和保持整个民族的礼仪习惯。

（一）切实提高公民对礼仪素质养成的认识

认知决定行为，只有切实提高公民对礼仪素质的认识，才能使大家养成礼仪文明，自觉遵守礼仪规范，促成人际关系和社会的和谐。在北京奥运会期间，北京民众普遍展示了对国际友人的友好态度和礼仪文明，博得了全世界的普遍赞赏，国际舆论普遍肯定，北京奥运展现了中国文明古国、礼仪之邦的雍容大度，不但自己接纳了世界，也使全世界更加深刻认识了中国。应该说，正是北京市民的礼仪素质，赢得了国际社会的肯定，进一步提高了中华民族的信誉。所以，深刻认识礼仪素质的意义和作用，有意识地强化礼仪意识，养成全民的礼仪习惯，对于整个社会的和谐发展，公民形象的塑造，对于建设中国特色的社会主义现代化，都具有不可估量的意义。我们应该在全国范围内，尤其是深入社区，进行公民礼仪素质教育，借助广播、电视、报纸杂志、网络等媒体，大力宣传，广泛推动，形成全民参与的规模化格局，此将有助于公民礼仪素质的实质性建设，促进社会主义精神文明的发展。

（二）制定实施公民礼仪素质规范

公民礼仪素质培养需要国家动员，全民参与，共同推动。其中，国家职能部门既承担着督导任务，还承担着制定公民礼仪素质规范的任务。目前应该尽快讨论制定全民族通行的礼仪规范，就公民礼仪培养中最迫切、最关键的内容，形成规范，加上一些统一的操作规则，以利于有规可依、有法可范。例如公民礼仪素质中的仪态礼仪、交际礼仪、语言礼仪等，都可做出基本规定，规范公民的言行，让公民依规行为。各行各业可以在全民基本礼仪规范的基础上，制定出符合自身实际的行业礼仪，以满足各类群体人员的礼仪养成需要。此外，还要加强实施管理，加大宣传教育力度，以使公民礼仪养成意识，形成社会主体意识和思潮，推动全民礼仪素质培养运动的兴起，进而促成全体公民礼仪素质的提高。

（三）自上而下，从我做起

公民礼仪素质的培养，需要社会舆论的动员、呼吁和支持，更需要榜样行动。国家公务人员、科技人员、知识分子，代表着全体公民的形象，所以，必须下大力气抓好这几个群体的礼仪素质培养。先进的理念需要灌输，文明的礼仪素质也不是固有的，也需要培养。鉴于我国公民整体礼仪素质培养之任重道远，目前特别需要加强领导，自上而下，榜样推动，最终形成从我做起、全局发展态势。领导带头，示范引导，典型推动，这是公民礼仪素质整体提升的几个重要环节。国家公务人员、社会精英，都应该成为公民礼仪规范的模范执行者，在榜样力量的推动之下，才有可能形成全民的礼仪习惯。

（四）切实加强未成年人的礼仪教育与实践

未成年人是我国公民的重要组成部分，是祖国的未来，加强未成年人的礼仪教育，组织他们开展礼仪实践，借以系统提高其礼仪素质，对全体公民的礼仪素质培养意义重大。良好的礼仪教育和礼仪行为规范对未成年人至关重要。它有利于未成年人树立自身良好的形象、建立融洽和谐的人际关系，赢得他人的理解、信任与支持，在学习、生活和事业上获得成功。良好的礼仪行为还是未成年人不断发展和健全人格、树立高尚道德情操的基础和起点。在全社会大力加强未成年人思想道德建设的今天，对未成年人进行礼仪教育，帮助他们知礼、守礼，无疑是加强思想道德教育的重要举措和重要内容。学习礼仪知识、遵守礼仪规范，理应成为广大未成年人必须具备的最起码的道德觉悟。在未成年人中进行文明礼仪教育应主要包括以下几方面：一是个体礼仪，包括谈吐、体态、仪表和服装等；二是校园礼仪，包括尊敬师长、友爱同学、遵守学校公共生活秩序等；三是社交礼仪，包括待客、介绍、做客等；四是公共场所礼仪，包括乘车、购物、旅游、就医等；五是家庭礼仪，包括孝敬父母、善待客人、友爱邻里等；六是涉外礼仪，包括涉外接触中的原则、方法等。此外，还应在中小学普遍开展优秀传统道德教育。中国传统道德的特点之一是重视民族和国家的整体利益，如"舍生取义""精忠报国""先天下之忧而忧，后天下之乐而乐"等。要通过优秀传统道德的教育，帮助学生增强集体主义观念，正确处理集体与社会、个人与他人之间的关系，强化全心全意为人民服务的意识，培养自己的正直、忠诚、谦逊、自尊、热忱、宽容的道德品质。

作为人类文化积淀的精华，礼仪是一个社会文明程度、道德风尚和生活习惯的反映，公民礼仪素质培养是社会主义精神文明建设的重要组成部分，关系到整个民族的素质提升问题，必须深刻认识，加大培养力度，借以系统提升公民礼仪素质，推进精神文明建设的可持续发展。

参考文献

1.（汉）郑玄注，（唐）孔颖达疏，龚抗云整理：《十三经注疏：礼记正义》，北京：北京大学出版社，1999年版。

2.（汉）郑玄注，（唐）贾公彦疏，彭林整理：《十三经注疏：仪礼注疏》，北京：北京大学出版社，1999年版。

3.檀作文译注：《颜氏家训（中华经典名著全本全注全译丛书）》，北京：中华书局，2011年版。

4.［日］吾妻重二：《朱熹〈家礼〉实证研究》，吴震、郭海良译，上海：华东师范大学出版社，2012年版。

5.（清）黄以周：《十三经清人注疏：礼书通故》，王文锦点校，北京：中华书局，2007年版。

6.陈戍国：《先秦礼制研究》，长沙：湖南教育出版社，1991年版。

7.［美］佩吉·波斯特：《礼仪圣经（第17版）》，李明媚译，北京：群言出版社，2008年版。

8.［法］范热内普：《过渡礼仪》，张举文译，北京：商务印书馆，2010年版。

9.蒋璟萍：《礼仪的伦理学视角》，北京：中国社会科学出版社，2007年版。

10.蒋璟萍主编：《现代礼仪教程》，北京：清华大学出版社，2009年版。

11.强钰、胤钦：《家庭礼仪习俗》，长沙：湖南出版社，1991年版。

12.钱玄：《三礼通论》，南京：南京师范大学出版社，1996年版。

13.吴航编著：《家庭教育学基础》，武汉：华中师范大学出版社，2010年版。